スポーツ・ステップアップ
DVDシリーズ

トッププレーヤーが教える基本～応用のテクニック

ハンドボール パーフェクトマスター

宮﨑大輔 著

Introduction
はじめに

僕は、「ハンドボールの面白さをもっと知ってもらいたい」「ハンドボールをメジャーにしたい」という考えから、いろいろな活動に取り組んでいます。その一つに講習会活動があります。全国各地の小、中学校で講習会を開き、子どもたちにハンドボールを教えています。講習会で初めてハンドボールのことを知る子どももいますが、そういう子どもたちも僕のプレーを間近で見ると「すごい！」と驚いて、興味を持ってくれます。それは、身体が動く現役選手の今だからこそできることだと思っています。講習会で触れあうことを通して、ハンドボールをやる選手が増えてくれたり、僕が教えたことから何かをつかんでくれたら、うれしいですよね。僕も子どもたちからたくさんのパワーをもらえるので、講習会活動はこれからも続けていきたいと考えています。

でも、やっぱり時間的な制約があるので、全国すべての学校に出向くのは難しいです。ですから、今回本書を制作することによって、より多くの人にハンドボールを教えるチャンスが生まれたことを心から喜んでいます。

本書で心がけたのは、基本をしっかりと解説することです。基本がなければ、応用はありません。そして、基本が大切なのは、トップレベルになっても変わりません。僕も調子が悪くなった時は、必ず基本のプレーを見直すことにしています。本書には、複雑なフォーメーション練習などは載せていません。付属のDVDに収録された映像も見ながら、基本的なプレーを反復練習して自分のものにしてください。

最後に、今回紹介したのは、あくまで現時点で僕が考えている技術だと断っておきます。僕は、いろいろなコーチの教えや、他の選手のプレーを参考にしながら、“僕なりの技術”を作り上げてきました。技術には、「絶対」といえるものはありません。きっと、僕とは違う考えを持っている選手もいると思います。また、僕自身も５年後、10年後には新たな考えが生まれているかもしれません。ですから、本書を読んでくれたみなさんも、本書の解説に自分の考えを加えたり、他の選手も参考にしながら、自分に合った“自分なりの技術”を作り上げていってください。本書が、みなさんのハンドボール技術向上の助けとなり、よりハンドボールを好きになるきっかけになれば、とてもうれしいです。

宮﨑大輔

Instructions

DVD

付属DVDの使い方

DVD

本書に付属しているDVDには、本書の内容と連動した形で映像による技術解説が収録されています。本書の中でDVDマークがついた項目がDVDに収録されていますので、マークを目印にしてください。また、DVD映像の画面左上には、本書の該当ページとその項目が表示されています。本書とDVDを併せてご活用ください。

本書

DVD収録マーク

パスの基本—1

オーバーハンドパス①

POINT まずはパスの基本を押さえよう！

オーバーハンドパスが基本

試合では、相手DFをかわすために、状況に即したパスを選択する必要があります。様々な場面に対応できるように、いろいろなパスを覚えなくてはいけませんが、最も基本的なパスとなるのが、オーバーハンドパスです。「上投げ」や、「ショルダーパス」と呼ばれることもあります。コントロールをつけやすく、セットオフェンス時の短い距離にも、速攻時の長い距離にも対応できるため、試合で頻繁に使用しますので、このパスを身につけることから始めましょう。

まずは、ボールを5本指でしっかりと握り、振りかぶって投げることが大切です。その際、打点を高くすることを意識しましょう。また、肩甲骨をうまく使えると、上半身のひねりの力が加わり、ボールに勢いが出ます。もちろん、スピードだけでなく、正確なコントロールも必要不可欠です。受け手が捕りやすく、次の動作に移りやすい場所にボールが投げられるよう、反復して練習しましょう。

28

DVD Chapter 2 PASS パス

ボールの握り方

選手によっては、違う握り方をする人もいますが、親指と小指をボールの縫い目にかけ、５本指でしっかりと握る形が基本です。クイックシュートを打つ時など、握り変える余裕がない場合もありますが、なるべく、この形で握るようにしましょう。

パスを投げる場所

受け手がキャッチしやすい場所にパスを投げられるように、心がけましょう。受け手の利き腕側の胸（右利きなら右胸）の少し上に投げるのが基本です。ここでキャッチすると、パス、シュート、ドリブルなど、次の動作に移りやすくなるからです。

Check! 肩甲骨の使い方を意識しよう！

右写真のように、肩甲骨を柔らかく使うことができると、腕が高く上がり可動範囲も広くなるので、ボールにスピードが出ます。また、肩のケガを防ぐことにもつながります。初心者には難しい動きなので、意識を向けることから始めてください。練習前に肩を動かしたり、肩甲骨の動きを後ろから見てもらいましょう。

肩甲骨を使っていない　肩甲骨を使っている

29

付属DVD

本書の該当ページ

本書とDVDの両方で詳しく解説！

メインメニューの構成

DVDを再生するとオープニング映像の後に、メインメニューの画面が現れます。「PLAY ALL」を選択するとすべての項目が再生されます。また、「パス」「フェイント」「シュート」「コンビネーション」「スーパーテクニック」「スペシャルインタビュー」の全6項目のリンクを選択するとそれぞれのサブメニューが表示されます。

すべての項目を再生

サブメニュー画面へ

メインメニューから、各項目を選択するとサブメニュー画面が表示されます。観たい項目を選択しましょう。「スペシャルインタビュー」を選択した場合に限り、サブメニュー画面が表示されずに、直接映像がスタートします。

1 パス

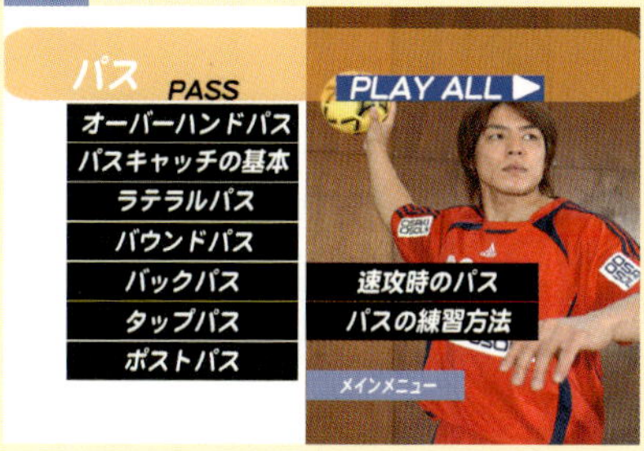

2 フェイント

3 シュート

4 コンビネーション

5 スーパーテクニック

6 スペシャルインタビュー

サブメニューの構成

サブメニューのタイトル画面には、その章に収められた映像の全項目が表示されます。各項目を選択すると、その項目の映像だけが流れます。画面右上の「PLAY ALL」を選択すると、画面上に表示されているすべての項目が再生されます。また、「メインメニュー」を選択すると、メインメニュー画面へ戻ります。

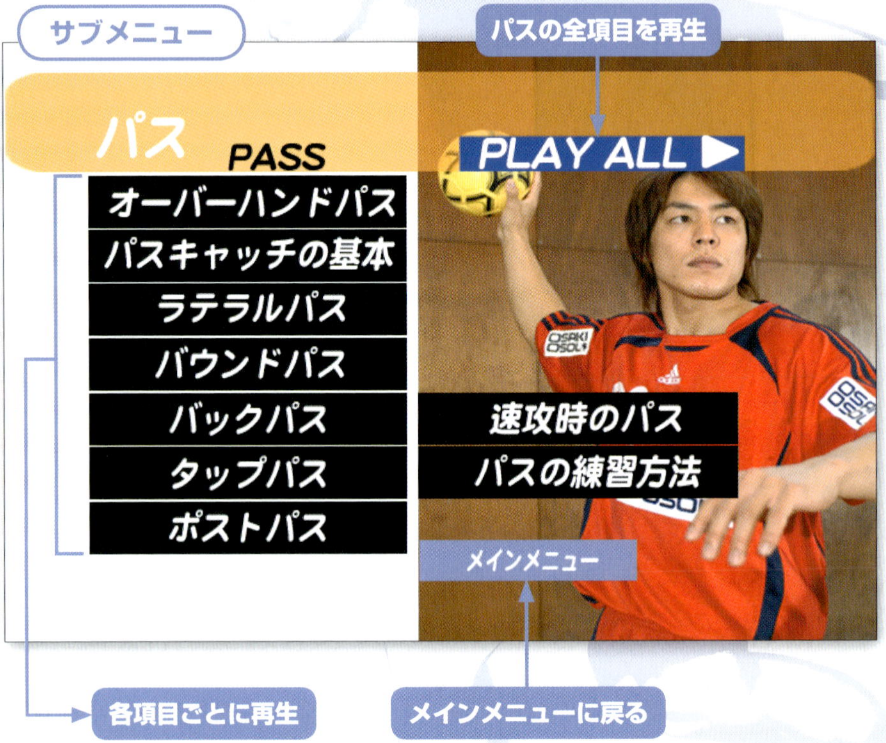

DVD映像の特徴

DVDには、日本のトッププレーヤーである宮崎選手の迫力ある映像が収められています。スロー映像やズームアップ映像も使用していますので、細かい動きをわかりやすく見ることができます。また、ダブル画像や各種テロップを挿入することで、ポイントとなる部分を見逃さずにチェックできる工夫も施しています。

ダブル映像

別々の画面で見るとわかりづらい動作を、分割画面で同時に表示。その違いがわかりやすいようにしています。NGのフォームと正しいフォームを見比べ、どこが悪いのかチェックをして、正しい基本動作を身につけましょう。

スロー＆クローズアップ映像

実際のプレースピードでは見逃してしまいがちな大切なポイントは、スロー映像やクローズアップ映像を使用しています。手首の使い方や足の運び方など、実際の動きを見ているだけでは気づかない細かい動きが明確になります。

マーク表示

ジャンプシュートとステップシュートを打つ際の歩数の数え方、1対1のフェイントをしかける時のDFとの距離の目安など、映像だけではわかりづらい動きには、それぞれに応じたマークを併記しています。

ナレーション

本書と連動した技術解説は、宮崎選手の生音声とナレーションによって紹介されています。特に「スーパーテクニック」の項目では、培ってきたマル秘テクニックを、宮崎選手がレッスン形式で自ら解説しているので必見です。

テロップ

正しいフォームを身につける上で、忘れてはならない重要なチェックポイントはテロップを使って表示しています。本書の中でも詳しく説明している大事なキーワードになりますので、テロップは見逃さないようにしましょう。

■撮影協力　大崎電気ハンドボール部

東俊介
1975年9月16日生まれ。恵まれた体躯を生かした力強いプレーが持ち味のポストプレーヤー。大崎電気の中心選手として、理にかなった動きで得点シーンを演出する。

猪妻正活
1981年6月12日生まれ。スピードを生かした速攻と正確なサイドシュートを武器に大崎電気＆全日本で活躍するサイドプレーヤー。7mスローの名手としても定評あり。

浦和克行
1982年2月3日生まれ。勝負強いキーピングから、正確なパスで素早い速攻を演出する守護神。高校、大学で日本一を経験した実績があり、今後の成長に期待がかかる。

赤尾和彦
1966年9月29日生まれ。大崎電気、全日本のトレーナーとして、チームの健康を預かる存在。本書では8章トレーニング＆メンテナンスの解説を担当してもらった。

■書籍制作

編集：大河内博雄、田中剛
（株式会社ケイ・ライターズクラブ）
編集協力、写真提供：久保弘毅
DTP：株式会社明昌堂
イラスト：九月亙子
写真撮影：蔦野裕（Studio Atom）

■制作協力

有限会社メディアコンプレックス

■DVD制作

撮影：高嶋芳男（CINECRAFT）、金澤理奈絵
演出、撮影：戸田宜和
ナレーター：原つとむ
DVDオーサリング：筒井信明

■撮影協力

大崎電気工業株式会社
株式会社アシックス
株式会社モルテン

DVDをご使用になる前にお読みください。［取り扱い上のご注意］

●ディスクは両面とも指紋、汚れ、傷などをつけないように取り扱ってください。またディスクに大きな負荷がかかると、データの読み取りに支障をきたす場合もありますのでご注意ください。●ディスクが汚れたときは、メガネふきのようなやわらかい布を軽く水で湿らせ、内側から外側に向かって放射線状に軽く拭き取ってください。レコード用クリーナーや溶剤などは使用しないでください。●ディスクは両面とも、鉛筆、ボールペン、油性ペンなどで文字や絵を書いたり、シールなどを貼付しないでください。●ひび割れや変形、または接着剤で補修されたディスクは危険ですから、絶対に使用しないでください。また静電気防止剤やスプレーなどの使用は、ひび割れの原因となることがあります。●使用後は必ずプレーヤーから取り出し、専用の袋に入れて保管してください。●直射日光の当たる場所や、高温、多湿の場所には保管しないでください。※このディスクは、家庭内での私的鑑賞にのみご使用ください。本DVDビデオおよびパッケージは著作権上の保護を受けております。ディスクに収録されているものの一部でも、権利者に無断で複製・改変・転売・放送・インターネットによる配信・上映・レンタル（有償・無償を問わず）することは法律で固く禁じられています。

DVD VIDEO　ALL NTSC　4:3　DOLBY DIGITAL

●DVDビデオは、映像と音声を高密度に記録したディスクです。DVDビデオ対応プレーヤーで再生してください。DVDドライブ付きのパソコンやゲーム機などの一部の機種で再生できない場合があります。※詳しくは、ご使用になるプレーヤーおよびモニター（テレビやパソコンなど）の取り扱い説明書をご参照ください。

Contents 目次

3章
ドリブル&フェイント ▶ DRIBBLE & FEINT

4章
シュート ▶ SHOOT

5章
コンビネーション ▶ COMBINATION

21

8章

トレーニング&メンテナンス ▶ TRAINING & MAINTENANCE

9章

勝利のための＋α ▶ ADVICE FOR VICTORY

Chapter 1

1章

入門編

FOR
BEGINNER

Message From DAISUKE

「いつか一緒にプレーしよう！」

基本技術の習得が大事

小学校３年生の頃、姉から勧められて、ハンドボールを始めました。最初からシュートを簡単に決めることができたので「ハンドボールは簡単だな」と思っていたのですが、小学校４年生の時に出場した九州大会で試合に負けてしまったんです。自分も全然活躍できなかったのでとても悔しくて、それ以来もっと練習したいと思うようになりました。

小学生の頃は、ボールに慣れる練習や走る練習が多かったですね。技術は、本を読んだり、周りの選手のプレーを参考にしながら、自分なりに作り上げてきました。

やっぱり一番大事なのは、基本をしっかり身につけることだと思います。

Profile 宮﨑大輔
1981年6月6日生まれ、大分県出身。驚異的なジャンプ力を武器に、大崎電気＆全日本のエースとして活躍中。ハンドボールのメジャー化を目指す“ハンドボール界の革命児”。

試合では、相手がいろいろなプレーをしかけてきます。基本がないと、毎回自分のプレーがバラバラになってしまって、相手のプレーに対応できないんです。基本に忠実でなければ、いいパフォーマンスはできないですね。

難しいプレーや派手なプレーをすることは、決して間違いじゃないんです。ひらめきや発想も大切にしてほしいと思います。ただ、どんな難しいプレーも、基本的なプレーが身についていなければ、絶対にうまくはいかないということを覚えておいてください。

ハンドボールの魅力

ハンドボールの魅力は、走る、跳ぶ、投げるという３つの要素が合わさっているところだと思います。スカイプレーのような技術を見れば、初めて観る人にも面白さが伝わるんじゃないかな。それから、チームスポーツとしての魅力もあります。試合中、きつくなった時ほど、みんなが声をかけあって、チームが一つになることができるんです。僕は、ハンドボールが本当に面白いし大好きですね。

海外に比べて、日本ではまだまだ人気が低いので、ハンドボールのメジャー化に向けて、僕がやれることをすべてやっていきたいと考えています。そうした活動の中から、小さなことでも何かが生まれて、それが後輩たちにつながっていけばいいな、という思いがありますね。

この本を読むみなさんへ

この本で紹介しているのは、あくまでも僕が考えている技術です。ですから、これがすべてではありません。僕も昔からいろいろな選手のプレーを参考にしてきましたが、大切なのはそれをアレンジして、自分なりのプレーにしていくことです。この本が、みなさんの技術を伸ばす一つのきっかけになってくれればうれしいです。

僕も向上心を持ち続けて、自分の技術をもっと伸ばしていきたいと思っています。目標は、オリンピックや海外でプレーすること。志は高く、「世界一」です。ハンドボールといえば、宮﨑大輔といってもらえるように、これからもがんばっていきます。

みなさんも、これから苦しい思いをすることがたくさんあると思いますが、一生懸命練習して乗り越えてください。そして、この本を読んでくれた人といつか同じチームでプレーできる日がくることを楽しみにしています。

ハンドボールの歴史

POINT ハンドボールの成り立ちを学ぼう！

©スポーツイベント・ハンドボール

現代ハンドボールの起源

　現代ハンドボールの起源には諸説がありますが、19世紀後半から20世紀はじめには、ドイツやデンマークなどヨーロッパ各地で親しまれていたようです。1906年には、最古のハンドボール競技規則が刊行されています。当初は11人制（野外）で行われていましたが、その後考案された7人制（室内）が徐々に主流となり、女子は1962年、男子は1967年の世界選手権から7人制で一本化されています。本場ヨーロッパでの人気は非常に高く、ドイツやスペインなど各国で男女のプロリーグが行われ、多くの観客を集めているほか、オリンピックにおいても、人気種目の一つとして確固たる地位を築いています。

日本のハンドボール史

　1922年、東京高等師範学校の教官であった大谷武一によって日本に紹介され、学校体育の教材として各地に伝えらました。

　1938年に日本ハンドボール協会設立、1972年にミュンヘン五輪出場（男子）、1976年には国内最高峰の日本ハンドボールリーグが誕生するなど、競技スポーツとしても着実に発展を続けています。

ハンドボールの主な団体、大会

国際ハンドボール連盟（IHF）

International Handball Federation。1946年に設立されたハンドボールの国際的な統括団体で、男女世界選手権などを主催。スイス・バーゼルに本部を置く。日本は1952年に加盟している。

日本ハンドボール協会（JHA）

Japan Handball Association。1938年に誕生した日本におけるハンドボール活動を統括する団体。

日本ハンドボールリーグ（JHL）

Japan Handball League。1976年に発足した国内最高峰リーグ。2007年10月現在、男子９チーム、女子6チームで熱戦を展開中。

オリンピック

1936年のベルリン大会で男子11人制が行われた。7人制となり1972年から男子、1976年から女子が正式種目として採用されている。

世界選手権

オリンピックとともに、ハンドボールの男女世界一を決める大会。男子は1938年、女子は1957年から行われている。男子の第15回大会（1997年）は熊本が舞台となり、世界のスーパープレーに日本のファンが酔いしれた。

1997年に男子世界選手権が熊本で開かれ、多くの観衆を集めた　©スポーツイベント・ハンドボール

ハンドボールの基礎知識－2

ハンドボールのポジション

POINT それぞれの役割を知ろう！

ハンドボールは1チーム7人でプレーします。攻撃と守備でのメンバーの交代は自由に行えます。攻撃には参加せず、DF専門の選手もいますが、ここでは攻撃のポジションについて説明します。コートプレーヤー（GK以外）は、右図のような位置でプレーします。ポストを2人置く「ダブルポスト」の布陣もありますが、ポストが1人で、バックプレーヤーが3人の「センター3（スリー)」の形が基本です。それぞれの役割と適性を知り、自分の特徴が生かせる場所を見つけてください。

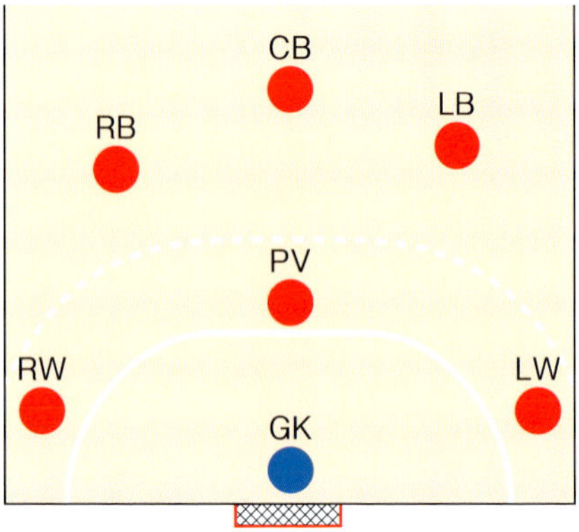

CB…センター　RB…ライトバック
LB…レフトバック　PV…ポスト
RW…右サイド　LW…左サイド
GK…ゴールキーパー

センター

試合をコントロールするポジションです。司令塔としての広い視野と冷静な判断力が求められます。攻撃を組み立て、味方を生かすパスを出すのが主な役目になります。センターがボールを持ちすぎると攻撃のバランスが崩れるので、いわゆる“球さばき”のいい選手が理想です。

しかし攻撃力がないとDFを引きつけられないので、最近では単なるゲームメーカーではなく、シュート力も求められるようになってきました。

ライトバック、レフトバック

「45度」とも呼ばれます。レフトバックは右利きのエースポジションで、ライトバックは左利きのエースポジションです。得点力が求められるので、シュート力があることが第一条件です。またロングシュートだけでなく、フェイントも得意だと、DFは的が絞りにくくなります。ライトバックは左利きの方が有利ですが、右利きでもポジションチェンジをうまく利用できる選手が入ると、攻撃の幅が広がります。

ポスト

DFの間を動き回り、攻撃のお膳立てをするのが主な仕事。ボールを持たずに動くことが多いので、戦術理解に優れた選手でないと務まらないポジションです。DFとの身体接触が多いので、ライン際の位置取りで負けない強さが求められます。大きくて体重のある選手が理想ですが、小柄な選手でも動きでカバーすることができます。特に３：２：１DF（P.23）に対しては、動けるポストが威力を発揮します。

サイド

「ウイング」とも呼ばれるポジションです。速攻での素早い飛び出しが求められます。またセットオフェンスでは、角度のない所からシュートを決めるのが主な役目です。判断力も含めた“速さ”が必要になるので、どちらかというと小柄な選手が多いポジションですが、世界には、２ｍのサイドプレーヤーもいます。大型選手の場合は、バックプレーヤー側に回りこんでロングシュートを打てるという利点があります。

ゴールキーパー

守備の要になるポジションですが、近年は攻撃の起点としての仕事も増えてきました。速攻でのスローイングやクイックスタートでの素早い球出しは、近代ハンドボールに欠かせません。相手の攻撃を予測したり、味方の速攻を後押しするためにも、攻撃に関する知識が必要です。

ゴールキーパーは一瞬にしてピンチをチャンスに変えるポジションです。切り替えの早さと強い精神力も大切な要素です。

Check! 選手交代について

アップテンポな展開が増えた最近のハンドボールでは、メンバーを交代するわずかな隙を狙われてしまいます。また攻守でメンバーを代えていると、攻撃の流れが止まります。速攻から流れを止めずにセットオフェンスにつなげるためにも、メンバーの交代は極力減らしたいものです。

これからは、攻撃や守備だけの選手では苦しいかもしれません。攻守のバランスが取れた選手が求められる時代になってきました。

主なＤＦ(ディフェンス)システム

POINT 各特性を理解しておこう！

DFシステムとは？

相手の攻撃を防ぐためには、GKを含めた７人が協力してDFする必要があります。その連携を円滑にすべく、守る位置や動き方を決めておくチームでの約束事を「システム」といいます。ハンドボールでは、それぞれが決められた地域を守る「ゾーン・ディフェンス」が一般的です。主なDFシステムを紹介していきましょう。それぞれ特性がありますので、チームに合った布陣を選ぶことが大切。相手の特徴や試合状況によって、複数のシステムを使い分けることができると効果的です。

６：０DF

ゴールエリアラインに沿って一線状に並ぶため「一線DF」とも呼ばれます。ゴールエリア付近を満遍《まんべん》なくカバーでき、大きな穴があきにくいシステムですが、下がり気味に位置するので、ロングシュートを打たれやすくなります。シューターへのチェックを怠ってはいけません。

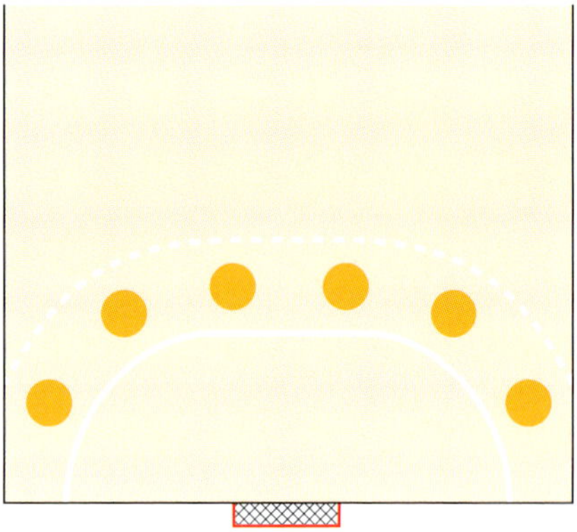

５：１DF

６：０DFから１人を前方に配置した形。前方のDFは「トップDF」と呼ばれ、バックプレーヤーへのチェックを担当します。トップDFには、俊敏な動きと、相手の動きを読むセンスが求められます。後方の５人は一線状に並びます。前方と後方の連携がカギになります。

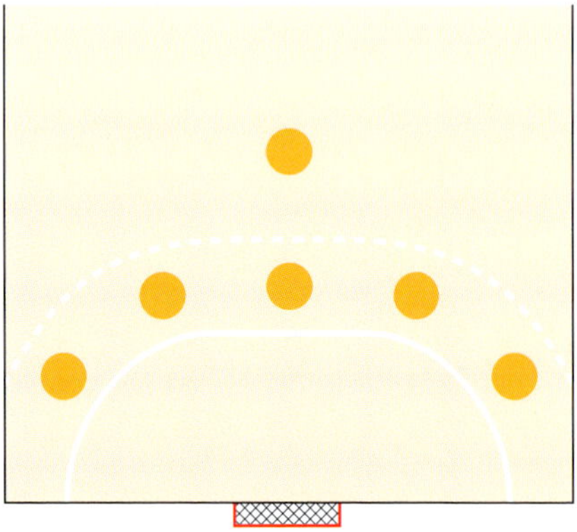

3：2：1DF

ゴール側から見て、3人、2人、1人と配置したシステム。前方からプレッシャーをかけられるのが利点となりますが、ポストにボールを入れられると1対1の状況になってしまうので注意が必要です。1人ひとりのフットワークが重要で、運動量も求められます。

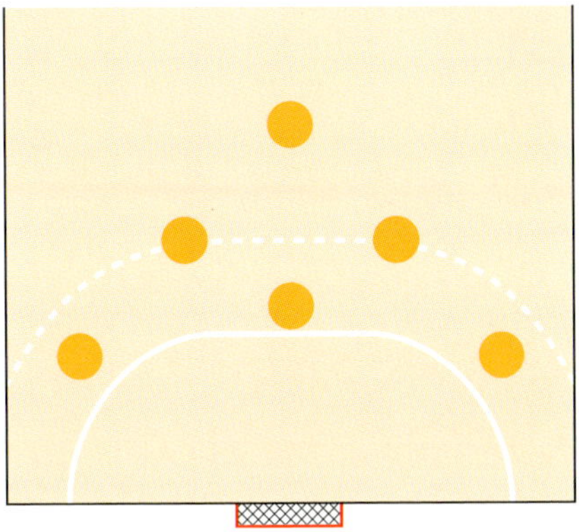

プレスDF

DFが前に出て、積極的にプレッシャーをかけ、相手のミスを誘発する方法。コート全面でしかける場合、「オールコートプレス」と呼ばれます。運動量と、スペースが広がるリスクが伴うため、試合終盤など限られた時間で用いるのが一般的。

マンツーマンDF

相手のエースなど、キープレーヤーを密着マークし、ペースを狂わせることが目的。マンツーマンにつくのは、1対1の防御に優れた選手が適任。他の選手は、ゾーンで守ります。2人の選手にしかける「ダブルマンツーマンDF」もあります。

Check! 個々が強い気持ちで守ろう！

連携を高めることで、個々のDF力をチームとして何倍にもしてくれるのがDFシステムです。しかし、個々が強い気持ちを持って相手を守る意識を忘れてはいけません。チームで守っていても、最後は1対1の勝負。そこで相手に勝てる個の強さが、チームとしての強さになるのは、攻撃もDFも同じです。

Message From DAISUKE　Part 1

「世界のトップレベルのすごさ」

本場ヨーロッパや世界のビッグイベントの雰囲気とは……？

本場ヨーロッパでの人気

本場ヨーロッパでは、ハンドボールは人気スポーツです。観客が何千人というのは当たり前だし、大きな試合では、数万人が会場を埋め尽くします。

“地域密着”が浸透しているから、町全体がチームを応援しているんですよね。僕がスペインでプレーをしていた時も、町を歩いていると「今度の試合がんばってくれよ！」とか、声をかけてくれるんです。選手としては、とてもモチベーションが上がりますよ。ハンドボールの観方もよくわかっているから、よいプレーには拍手を送ってくれるし、逆に悪いプレーにはブーイングが起こります。ファンの厳しい目が選手を育てていると感じましたね。

ヨーロッパでは、多くの選手がプロとして活動しています。生活がかかっているからこそ、一つひとつのプレーに厳しさがあるんですよ。スペインでは“プロ意識”を学んだし、高いレベルでもまれることで、自分の力を伸ばすことができたと思っています。

ハンドボールの大舞台

ハンドボールのビッグイベントといえば、オリンピックと世界選手権です。世界選手権は、1997年に日本で開催されたんですよ。僕も会場へ足を運んで試合を観たんですが、とても感動したことを今でもよく覚えています。観客もたくさん入っていたし、世界のすごいプレーに圧倒されました。

「いつかあの舞台に立ちたい」と思っていましたが、2005年にその思いがかないました。チュニジアで行われた第19回世界選手権に出場することができたんです。予選リーグで敗退してしまいましたが、大舞台特有の緊張感を味わうことができたし、世界のトップチームと試合をして勉強になることがたくさんありました。

ハンドボールをやっている以上、オリンピックや世界選手権のような世界のトップレベルでプレーをすることが目標です。これからも、そうした舞台に立てるよう、自分のプレーを磨いていきたいと思っています。

Chapter 2

2章

パス

PASS

Chapter 2

PASS

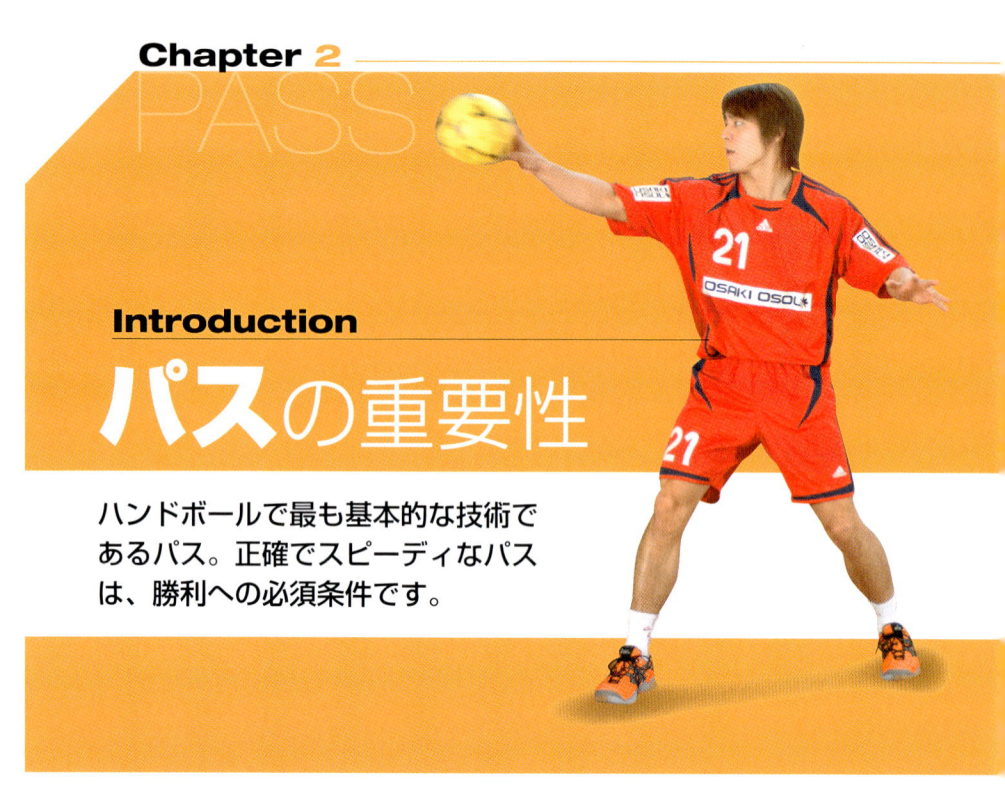

Introduction

パスの重要性

ハンドボールで最も基本的な技術であるパス。正確でスピーディなパスは、勝利への必須条件です。

正確でスピーディなパスが味方のシュートチャンスを作り出す！

ハンドボールは７人でプレーするチームスポーツです。１人の力だけで、試合に勝つことはできません。チームメイトとの連携が、必要不可欠です。ですから、味方にボールをつなぐ唯一の手段であるパスは、ハンドボールにおいては、とても重要な技術となるのです。

試合で起こりうる様々な状況に対応できるよう、これから紹介するいろいろな種類のパスをしっかりと身につけてください。正確でスピーディなパスが、味方のシュートチャンスを作り出していきます。

1 パスの基本

まず、最も基本的なオーバーハンドパスをマスターしましょう。ボールの握り方、受け手がキャッチしやすい場所への送球、肩甲骨の使い方、ボールの回転など、パスに必要な基本的要素もここで勉強します。

また、いくらいいパスがきても、それを捕ることができなければ、プレーをスタートすることができません。シュートやフェイントなど、次のプレーへスムーズに移行するために、確実にパスキャッチができるよう練習しましょう。

(→28〜33ページ)

2 主なパスの種類

試合では、相手DFやパスを送りたい味方の位置など様々な状況に応じて、複数のパスを使い分けなければなりません。

試合で使うことが多い、ラテラルパス、バウンドパス、ジャンピングパス、サイドハンドパス、バックパス、タップパスを学んでいきましょう。試合のどんな場面で使えるかを意識しながら、練習することが大切です。

(→34～42ページ)

3 パス応用編

より実戦を意識したパスのパターンを紹介します。通れば得点の可能性が非常に高くなるポストパスと、速攻で使うパスを取り上げます。これまでに覚えたいろいろなパスを使う応用編です。

(→43～47ページ)

4 パスの練習方法&まとめ

楽しみながら、パスのタイミングを覚えたり、ハンドリングを鍛えることができるトレーニングを紹介。また、パスの重要性&チェックポイントをおさらいした“まとめ”も最後にチェックしておきましょう！

(→48～49ページ)

パスの基本—1

オーバーハンドパス①

POINT まずはパスの基本を押さえよう！

オーバーハンドパスが基本

試合では、相手DFをかわすために、状況に即したパスを選択する必要があります。様々な場面に対応できるように、いろいろなパスを覚えなくてはいけませんが、最も基本的なパスとなるのが、オーバーハンドパスです。「上投げ」や、「ショルダーパス」と呼ばれることもあります。コントロールをつけやすく、セットオフェンス時の短い距離にも、速攻時の長い距離にも対応できるため、試合で頻繁に使用しますので、このパスを身につけることから始めましょう。

まずは、ボールを5本指でしっかりと握り、振りかぶって投げることが大切です。その際、打点を高くすることを意識しましょう。また、肩甲骨をうまく使えると、上半身のひねりの力が加わり、ボールに勢いが出ます。もちろん、スピードだけでなく、正確なコントロールも必要不可欠です。受け手が捕りやすく、次の動作に移りやすい場所にボールが投げられるよう、反復して練習しましょう。

ボールの握り方

選手によっては、違う握り方をする人もいますが、親指と小指をボールの縫い目にかけ、５本指でしっかりと握る形が基本です。クイックシュートを打つ時など、握り変える余裕がない場合もありますが、なるべく、この形で握るようにしましょう。

パスを投げる場所

受け手がキャッチしやすい場所にパスを投げられるように、心がけましょう。受け手の利き腕側の胸（右利きなら右胸）の少し上に投げるのが基本です。ここでキャッチすると、パス、シュート、ドリブルなど、次の動作に移りやすくなるからです。

Check! 肩甲骨の使い方を意識しよう！

右写真のように、肩甲骨を柔らかく使うことができると、腕が高く上がり可動範囲も広くなるので、ボールにスピードが出ます。また、肩のケガを防ぐことにもつながります。初心者には難しい動きなので、意識を向けることから始めてください。練習前に肩を動かしたり、肩甲骨の動きを後ろから見てもらいましょう。

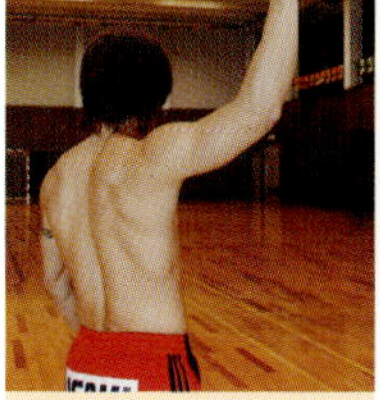

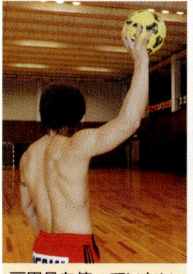

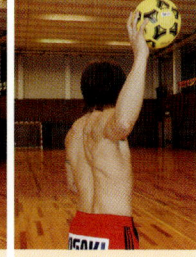

肩甲骨を使っていない

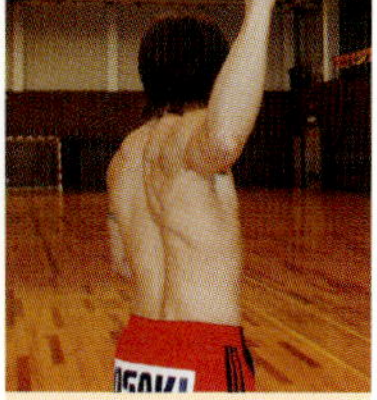

肩甲骨を使っている

オーバーハンドパス②

POINT しっかり振りかぶって投げよう

5本指でしっかりとボールを握り、腕を後ろに引いていく。

左足のつま先は、パスを投げる相手の方向に向ける。

後ろ足から前足へと重心をスムーズに移行していく。

ボールをがっちり握って、腕を後ろに引きます。その際、肩甲骨の動きも意識して、腕を高く上げましょう。打点が高くなり、腕の可動範囲が広がるとボールにスピードが出るので、しっかりと振りかぶることが重要です。腕でボールを押し出す“腕投げ”にならないように注意しましょう。つま先は投げる相手に向け、上半身のひねりの力がボールへ伝わるように、後ろ足から前足へと重心をスムーズに移していってください。そして、ボールを離す瞬間に手首のスナップでコントロールやスピードを調整します。手首と指先でタテ回転をかけることで、ボールに伸びが出ます。フォロースルーは、大きく取りましょう。

つま先は投げる方向へ

踏み出した軸足（左足）のつま先は、投げる相手に向けておきましょう。別の方向を向いていると、コントロールをつけることが難しくなります。

4

肩甲骨の使い方も意識して、打点を高くすることを心がける。

5

手首と指先を使い、ボールにタテ回転をかけると伸びが出る。

6

フォロースルーは大きく取り、しっかりとボールを投げきる。

NG “腕投げ”に注意！

手が小さくボールを握れない子どもがやってしまいがちですが、手のひらにボールを乗せて腕で押し出す“腕投げ”は、力が伝わりづらい上に、腕を痛める原因にもなります。

Check! ボールの回転を意識しよう！

ボールにカーブ回転やシュート回転がかかると、受け手が捕りづらくなります。ボールに伸びが出て相手が捕りやすいタテ回転がかけられるように、意識して練習しましょう。

OK

投げる選手から見た図

タテ回転

NG

カーブ回転

パスキャッチ

POINT 両手の三角形でボールの勢いを吸収

パスキャッチの基本

パスキャッチは、プレーのスタート地点です。ボールをはじいてしまうと、相手に速攻のチャンスを与えてしまうことにもなりますから、確実にキャッチして、次の動作に迅速に移れるようにしてください。右利きの場合、写真のように右胸の少し上で、両手で三角形を作る形が基本。親指を中心に、両手でボールの勢いを吸収してください。

静止状態のキャッチ

正面にボールがきた場合のパスキャッチです。基本通り、両手で確実にボールを収めましょう。胸よりも低い位置にパスがきた場合は、手だけでなく腰も落としてキャッチ。高い位置はジャンプをして対応します。捕る前に相手DFの状況や、味方の位置を確認しておけば、次のプレーの選択が早くなります。

1

パスを受ける前に状況を確認しておくと、次のプレーの選択が早くなる。

2

親指を中心に両手でボールの勢いを吸収して確実にキャッチ。

動きながらのキャッチ

パスが横にずれた場合は、腕だけを伸ばしてボールを捕りにいくのではなく、足を動かして身体全体で捕りにいくようにしてください。腕だけで捕りにいくよりも、キャッチミスの可能性は少なくなります。腕を伸ばした状態でのキャッチになったら、すぐに胸の方へボールを引きこみ、キープしましょう。

1

手だけでなく、足を動かして身体全体でボールを捕りにいく。

2

次のプレーに移りやすい右胸の上でキャッチできればベスト。

NG 腕だけで捕りにいかない

横にずれたパスに対して、腕だけを伸ばして捕りにいくのはNGです。キャッチミスの可能性が高まることはもちろんですが、仮にキャッチできても、写真のように体勢が崩れてしまい、パスやシュートなど次のプレーに素早く移ることが難しくなるからです。フットワークを使って、可能な限り、身体の正面でキャッチする意識を持ちましょう。

ラテラルパス

POINT 小さなモーションで素早くパス

パスを捕るまでに、前にいるDFの状況をチェックしておく。

キャッチをしたら、DFがくる前に素早くパスモーションへ。

時間を無駄にしないためにも、パスを受けた高さのまま投げる。

パスを素早く横に回したい時に有効なのがラテラルパス。モーションが小さく、相手が予測しづらいパスになります。DFを避けるためにキャッチしてから、いったん手を下げてパスをするやり方もありますが、それだと、ワンテンポ遅くなってしまうので、なるべくキャッチした位置から高さを変えずにパスしましょう。軽く肘を曲げ、手首を返してボールを投げます。最後に親指をかけるのがポイントです。

親指を最後にかける

ラテラルパスは、手首と指先の使い方が重要。親指を最後にかけて、スナップを利かせてボールを投げます。手首の返しすぎにも注意。ボールが横ではなく、上にいってしまいます。

軽く肘を曲げた状態から、手首を返してボールを投げる。親指を最後にかけることを意識する。

こんな時に使おう！

モーションが小さく、素早くパスを出せるのが、このパスの特徴。速いパス回しで、相手をずらしていき、フリーの味方を生み出す際に、効力を発揮します。図のように、相手DFを引きつけたバックプレーヤー（B）がフリーのサイド（C）にパスする場面などで用いられます。

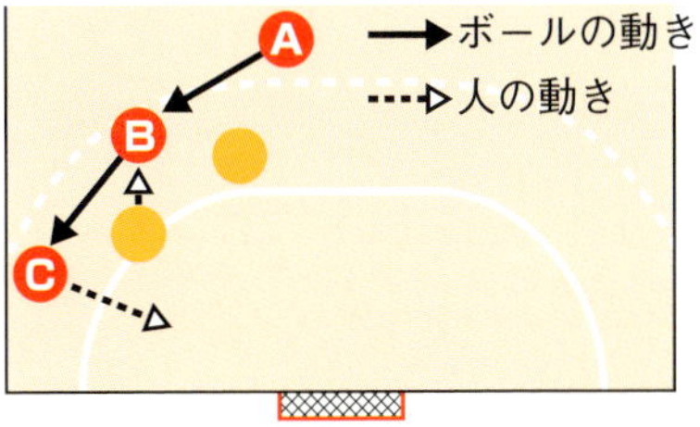

Check! DFを避けるための投げ方

相手DFにつかまる前に素早くパスを出すことが目的ですが、試合では、DFのチェックを受けてしまう状況も起こります。その場合、写真のようにキャッチしてからいったん手を下げてアンダーハンドで投げたり、上からオーバーハンドで投げるやり方で、DFの手をかわしましょう。どんな高さからも投げられるようにしておくことが大切です。

主なパスの種類－2

バウンドパス

POINT DFを避けるのに有効なパス

DFを避けるのに有効なのが、バウンドパスです。ここでは、オーバーハンドで投げる方法を紹介します。投げ方はオーバーハンドパスと同じですが、相手が捕りやすい高さにボールが跳ねるように、強さや投げる位置を調整することが大切です。他にもサイドハンドで投げたり、スピンをかける方法もあります。それぞれ試してみましょう。

基本はオーバーハンドパスと同じ。しっかりと振りかぶる。

高い打点から投げる形。他の高さからも投げられるように。

こんな時に使おう！

マークしてくるDFを避けて、パスを通す際に有効です。DFの上に投げると見せて、バウンドで横を通したり、ポストパス（P.43～45）で使う機会が多いパスです。DFの股下や、足の横を狙うと効果的です。パスが通らなくても、足に当たれば、“キックボール”で相手の反則になるため、上から通すパスよりもリスクは少ないといえるでしょう。

受け手の捕りやすいボールがいくように、スピード、勢い、バウンドする位置を調整する。いろいろなパターンを練習で試すことが大切。

オーバーハンドパスと同様にフォロースルーは大きく取る。

Check! スピンパスも活用しよう！

　DFの横を通す際は、難しい技術ですがスピンパスも使えると効果的です。右利きの場合、バウンドした後、向かって右に跳ねるのがスピンパス。左に跳ねるのが逆スピンです。スピンのかけ方はいろいろありますが、僕は、スピンなら親指でカーブ回転をかけ、逆スピンなら小指と薬指でボールを挟む感じでシュート回転をかけています。

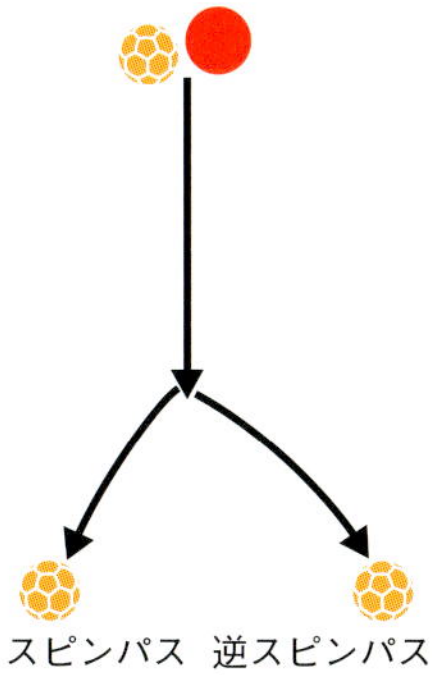

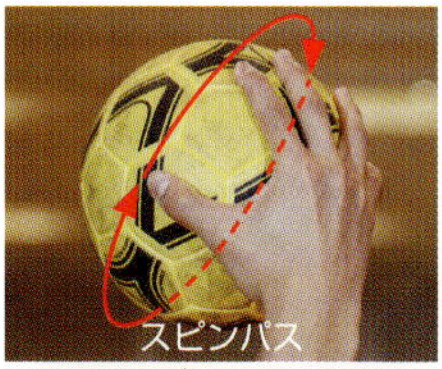

ジャンピングパス

POINT ジャンプする前に味方の位置を確認

ジャンプをしてDFを避けるパスです。大事なのは、ジャンプをする前に味方の位置を確認しておくこと。そうでないと、ジャンプしたものの、フリーの味方を探しきれずにそのまま着地してしまいオーバーステップになったり、苦し紛れのパスを相手に奪われる危険があるからです。

こんな時に使おう！

相手のマークを外したい時や、DFを引きつけてからパスしたい時などに有効です。

ジャンプをする前に味方の位置を確認しておく。

左足で力強く踏み切り、右手の反動も使って高く跳ぶ。

空中でもう一度味方の位置を確認。パスモーションへ。

DFの手の届かない高い打点からフリーの味方へパス。

主なパスの種類－4

サイドハンドパス

POINT コンパクトなモーションを意識

主に、DFに上からかぶられた時、DFの横を通すために用いるパスです。コンパクトなモーションと腕の振りで、素早く投げることを心がけてください。相手DFの背の高さなど様々な状況に対応するため、どんな腕の高さからもパスを投げられるように練習しておきましょう。

DFが前にいて上から通すパスが厳しい状況。

サイドハンドからコンパクトなモーションを心がける。

こんな時に使おう！

DFに密着された時や、ジャンプした際にDFが上のパスを抑えにきた時に、横からパスを通します。

腕の振りもコンパクトに。素早く投げることでDFを惑わす。

フォロースルーをきちんと取り、肘を痛めないように。

バックパス

POINT DFを惑わすトリッキーなパス

DFにバックパスと悟られないよう素早いモーションで。

身体に巻きつけるように腕を振る。腰が反らないように注意。

手首のスナップでボールを投げる。真横に飛ぶ軌道が理想。

下からのバックパス

自分の背面を通すパスをバックパスと呼びます。簡単な技術ではありませんが、DFを惑わす有効なパスなので、しっかり練習して習得しましょう。下からのバックパスは、身体に巻きつけるように腕を振り、真横に投げるイメージが大切です。腰が反ると、ボールが上にいってしまうので、重心を整えて投げることを意識してください。

NG 手首を返しすぎない

最後は手首のスナップでボールを投げますが、手首を返しすぎると、ボールが上がったり、前にいってしまうので注意しましょう。ボールは、山なりではなく、まっすぐ真横に飛んでいくのが理想的な軌道です。

DFにシュートを打つ怖さを与えることが大切。

腕を振り上げる勢いを利用してパスを送る。

肘は曲げず、ボールを“チョコン”と放す感覚を覚える。

上からのバックパス

上からのバックパス（フックパスとも呼びます）は、シュートモーションの一連で行うことが、ポイント。腕を振り上げる動作から、その勢いを利用してパスを出します。肘は曲げず、“チョコン”とボールを離すイメージです。ジャンプをしてDFを引きつけ、ポストへパスを落とすと効果的です。「シュートがくる」と、DFに意識させてください。

NG 肘を曲げない

肘が曲がった状態で投げると、パスの方向がつけづらくなります。パスミスの要因となりますので、肘を曲げないで投げるように気をつけましょう。シュートモーションの流れからスムーズにパスへ移行することも重要です。

主なパスの種類－6

タップパス

POINT 素早く片手ではたくように投げる

1

高いボールに対してジャンプしてタップパスをするパターン。

2

キャッチをしたら、身体を投げたい方向に向ける。

3

右手でボールをはたくようにして素早くパスを投げる。

素早いパス出しに最適なのがタップパスです。バレーボールのトスの感覚ではなく、一度ボールをキャッチしてから、片手でボールをはたくようなイメージです。キャッチしたら、投げる方向へ身体を向けてください。バックプレーヤーがサイドにパスするパターンを紹介しましたが、ポストへパスを出す時にも使えます。DFにつかまる前に投げることが目的なので、パスをもらう前にDFの動きを確認しておきましょう。

Check! 両手を使えるように

右側からきたボールを左に投げる場合は右手で、左からきたボールを右に投げる場合は左手でパスを出します。利き腕ではない手で投げることは難しいですが、どちらの手でも正確に投げられるようにしておきましょう。

パス応用編－1

ポストパス①

POINT ポストと息のあった連携が必要

ポストシュートは、非常に確率の高いシュートです。ポストへパスを通すことができれば、大きなチャンスが生まれます。当然、DFも警戒していますから、ポストとの息のあった動きで、これを突破しなければなりません。DFの動きによって状況が変わるので、絶対といえる方法はありませんが、パターンをいくつか紹介しましょう。

最初に、上からパスを通す形です。下へのパスを警戒するDFの裏をかき、コンパクトな手の振りで上からパスを通します。

DFの対応とポストの動きを見ながら、瞬時に適切なパスを選択できるように。

ここでは、下へのバウンドパスを警戒して低く構えるDFの裏をかき、上から通すパスを選択。

DFに反応されないよう、コンパクトな手の振りで素早くDFの上からパスを投げる。

ポストにパスが通ると、GKと1対1の局面を作ることができるので、得点の確率は非常に高くなる。

ポストパス②

POINT 状況に応じて最適なパスを選択しよう

横から通す

今度は、DFの横からポストへパスを通す形です。上へのパス、シュート、フェイントを警戒しているDFの脇をバウンドさせてパスを通します。ここでは、DFの左側から通す形を紹介していますが、もちろん右側から通す方法もあります。また、バウンドパスの項で勉強したスピン、逆スピンを利用するのも有効です。DFとポストの動きをよく見て、瞬時に的確なパスを選択できるようにしましょう。

ここでは、DFの右足の横を通すバウンドパスでポストへパスを通す形をイメージ。

シュートや上からのパスを警戒してかDFの姿勢が高い。バウンドパスを通すチャンス。

ここでも素早いパスモーションが大切。大きい動きだとDFも対応してくる。

ポストが捕りやすいようにバウンドの強さ、ボールが跳ねる位置を考えてパス。スピンパスも有効だ。

股下を通す

僕が得意としているパターンです。前提として、1対1でフェイントをしかけておき、DFにカットインを意識させておかなければなりません。「フェイントがくる」と思うと、DFは抜かれないように、足を広げて構えます。その瞬間を見逃さず、バウンドパスを股下に通してください。もし通らなくても、足に当たれば“キックボール”で相手の反則となり、マイボールになるので、リスクは比較的少ないのです。

前提として、事前の攻めで1対1を何度もしかけておくことが重要。DFにカットインを意識させる。

右足を踏み出したことで、カットインを警戒したDFが足を広げて構えようとした。

足を広げた瞬間を見逃さず、素早くバウンドパスで股下にパスを通す。

DFの股下から急にボールが出てくるので、パスを受けるポストの選手も心構えが必要だ。

パス応用編―3

速攻時のパス

POINT ボールを奪ったら瞬時にパス出し

ボールを奪ってから、相手DFが戻りきらないうちに、一気にゴールまで攻めこむ「速攻」は、得点確率が高く、ハンドボールにおいては非常に重要な戦術となります。ここでは、速攻で使用するパスを勉強しましょう。速攻で走りながら投げるパスと、味方を速攻に走らせるパスを紹介します。

走りながらのパス

投げ方はオーバーハンドパスと変わりませんが、走りながら横を向いてパスをするので、重心をしっかり保つことが必要です。下半身がぶれないようにして、上半身の回転でパスを投げます。投げる相手の走るスピードに合わせ、相手が捕りやすい位置に投げることも大切です。

速攻のチャンスが生まれた。走りながらフリーの選手を探す。

重心が流れると正確なパスは難しい。重心を安定させることが大事。

下半身がぶれないようにして、上半身の回転でパスを投げる。

パスを投げたら、そのまま相手ゴールへ走り、速攻に参加する。

味方を走らせるパス

速攻のチャンスが生まれた時に、判断よく飛び出した味方がいたら、瞬時にパスを出さなければなりません。味方のスピードと、DFとの距離を考えて、山なり、もしくはストレートで伸びのあるパスを通しましょう。GKが飛び出してカットを狙っている場合もあるので、GKの動きにも注意してください。飛び出しが抜群に速い選手がいるなら、前にパスを出し、それを追いかけさせる形も試してみましょう。

パスを投げる味方とDFの距離が比較的近いため、DFの頭を越す山なりのパスを選択。

速攻のパスは迅速な判断と、正確なパスの両方が要求される。タイミングが大事だ。

味方がDFよりも先に飛び出していて、ストレートのパスを通すスペースが十分ある。

ある程度のボールスピードが要求されるパスで難易度は高いが、通れば一気にワンマン速攻につながる。

Let's Practice!

パスの練習方法

DVD

POINT 遊び感覚も交えてコツをつかむ

ハンドリング練習

ハンドリングを鍛える練習です。2人一組となり、1人（A）はボールを2個、もう1人（B）は1個持ちます。Aは1個をBにパスします。Bは、ボールを投げ上げ、パスをキャッチ。投げたボールが落ちてくる前にAにパスをします。この流れで交互にパスを続けます。正面からくるボールと、落ちてくるボールの両方を視野に入れないといけないので、ノールックパスを投げる感覚を養うトレーニングにもなります。

2対1でパスを通す

攻撃2人、DF1人の3人一組で練習します。攻撃側は、バウンドパスや股下パスなど、これまで学んできた様々なパスを用いながら、DFのカットを避けてパスを通していきます。パスフェイントをかけてDFを惑わすことも重要です。DFの読みをかわすタイミングをつかんでください。2回カットされたら、攻撃とDFをチェンジするといったルールを作ると、緊張感が生まれて、より効果的な練習になるでしょう。

パスの総括

パスのまとめ

POINT 常に前を向いて攻める意識を

練習の段階から実戦を意識した動きを取り入れることが大切

試合で必要となる様々な種類のパスを勉強してきました。それぞれ、基本をしっかりと理解した上で、繰り返し練習してください。これはパスだけに限りませんが、練習する時に気をつけてほしいのは、試合でのプレーを意識することです。

ただボールを投げることがパスではありません。相手DFを動かして、味方がシュートをしやすい状況を作り出すのがパスなのです。

試合中、横を向いてパスをしてばかりいたら、DFは「パスしかない」と思うので、怖くはありません。でも、前を向きながらパスを出せば、DFはシュートやカットインも意識しなければなりません。常に前を向いて攻める意識を持つだけで、パスの効果は違ってくるのです。

基本のフォームを覚えたら、視線は前のまま、身体の向きだけ横にしてパスをしてみるなど、より実戦につながる動きを練習に取り入れてみてください。

また、これも基本中の基本ですが、相手の胸に正確に投げることも実戦では大きな意味を持ちます。相手のレベルが上がると、パスを受けてから自由にプレーできる時間はわずかです。たとえ、フリーの状態でパスを待っていても、捕りにくい場所にパスがきてしまったら、シュートチャンスは失われてしまうのです。受け手が次のプレーに移行しやすいような、正確で速いパスを送れるかどうか。日頃からそうした意識を持って練習をしていれば、それが必ず実戦で生きてきます。

上からのバックパスも、シュートモーションと連動した動きだからこそ効果的なパスになる。

Message From DAISUKE Part 2

「パスの面白さを知ると……」

センタープレーヤー宮﨑大輔が語るパスの面白さとは……？

パスの大切さに気づく

実は、パスの面白さがわかるようになったのは、ごく最近のことなんですよ。小学生の頃から、シュートを打って、得点をすることが一番の喜びだったので、パスが面白いとは思わなかったんです。高校時代は、全国大会で1試合20点を決めたり、とにかく得点ばっかり狙っていました。やっぱり、自分が目立ってアピールしたいという気持ちが強かったんだと思います。

でも、相手のレベルが上がるにつれて、簡単にはシュートを打たせてもらえなくなったんです。それに、相手も研究してくるので、シュートを打とうとすると、DFが何枚も寄ってくるようになったんですよね。

で、ある時気づいたんです。「あっ、ここでパスをすれば、簡単に得点がとれるんだ」って。僕にDFがたくさん寄ってくるから、その分味方がフリーになっているんですよね。そんな簡単なことに気づいて、パスをすることの面白さに目覚めたんです。

パスとシュートは表裏一体

パスの面白さを知り、実際にパスを出せるようになると、ゲームメイクが楽しくなるんですよ。パス回しをしながら「DFをこう動かして、次はこっちに展開して、最後にここを狙おう」とか、頭の中でイメージするんですよね。チームメイトとうまく連携がとれていれば、思い通りにDFをずらすことができて、簡単なパスでもノーマークの選手に通るようになるんです。そんな時は、本当に気持ちいい。

今は、味方がシュートを決めると自分のことのようにうれしいんです。自然とガッツポーズが出ますからね。

もちろん、パスの面白さを知ったからといって、シュートをしなくなったわけじゃありません。むしろ、相手がパスを警戒すれば、今度は僕がシュートを打ちやすくなるんです。

だから、パスをするということは、味方のためであり、自分のためでもあるんです。パスもシュートもできる選手がたくさんいれば、相手にはとても怖いチームになりますよ。

Chapter 3

3章

ドリブル&フェイント

DRIBBLE & FEINT

Chapter 3

DRIBBLE & FEINT

Introduction

ドリブル＆フェイントの重要性

ドリブル＆フェイントは相手を抜くための技術。失敗を怖れず、何度も挑戦することで勝機を見出そう！

ドリブルとフェイントを駆使してシュートチャンスを作り出す！

ハンドボールはチームスポーツですが、個々の強さがないと、チームとして機能しません。6対6での攻撃も、まずは1対1の勝負から始まります。1対1で勝負を挑むからこそ、相手を抜いてノーマークでシュートが打てるのです。仮に抜けなくても、DFを自分に寄せることで、最終的に味方が1人余る状況を作ることができます。

ドリブル＆フェイントは自分でチャンスを作り出すための技術です。チャンスを作ってもらうだけでなく、自分から状況を打開していきましょう。これから紹介する技術をマスターして、チャンスを生み出せる選手になってください。個々の強さがチームの力になるのです。

1 ドリブル＆フェイントの基本

まずはボールコントロールの基礎として、ドリブルを覚えてください。正しくボールをキープできるようになったら、次にフェイントを身につけていきましょう。

強引にフェイントをしかけても、DFに止められてしまいます。フェイントで重要なのは、相手をよく見ることです。「相手がこっちに動いたから、自分は反対側に動く」というように、相手の動きを見て、臨機応変に攻める方向を変えていきます。

フェイントは条件によっていろいろ変わりますが、この章では、レフトバック（左45度）のポジションから、ワイドに攻めることを前提に説明していきます。ワイドとは、お互いのスペースを取り、コートの横幅を広く使う攻め方です。
(→54〜58ページ)

2 主なフェイントの種類

実戦で使われる様々なフェイントを紹介していきます。インやアウトに動くことだけがフェイントではありません。シュートやパスのモーションを利用したフェイントもあります。どんな状況でフェイントを使うのかを、普段の練習から意識しておきましょう。
(→59〜67ページ)

3 ダブルフェイント

レベルが上がると、1回のフェイントだけではDFをかわせなくなってきます。ですから、フェイントをいろいろと組み合わせることが必要となります。一度のフェイントで抜けなくても、粘り強くフェイントをかける姿勢が大事です。失敗を怖れず、何度もトライしてください。
(→68〜69ページ)

ドリブルの基本動作

POINT 左右どちらでも正確にコントロール

ノーマーク時

速攻でのドリブルでは、前にボールを弾ませます。真下につきすぎると、勢いが出ません。前についたボールを追いかけるイメージで走れば、ドリブルが速くなります。体育館によってボールが弾む床と弾まない床があるので、試合前にチェックしておきましょう。

自分の前にドリブルをついて、ボールを追いかけていく。

ドリブルの際には、重心が高くならないように注意する。

フェイント時

フェイントでのドリブルでは、DFから遠い手を使う意識を持ちましょう。右利きの選手が左方向に抜く場合、左手でドリブルした方がDFから遠くなり、ボールを奪われるリスクも減らせます。左右両手でドリブルできるように練習しておきましょう。

右へ抜く場合は、DFから遠い右手でボールをコントロールする。

DFにカットされないよう、ボールを高く弾ませない。

3

ボールだけでなく、前方を見ながら、視野を広く保つ。

4

指先で軽やかに、リズムよくドリブルを繰り返す。

NG 手で巻くと反則

バスケットボールのようにボールを巻きこんでドリブルすると、反則になります。ダブルドリブルを取られますので気をつけましょう。

3

DFに対して背中を入れて、ボールを守る意識を持つ。

4

ボールをキープし、次の動きに移れる体勢を作る。

Check! 左に抜く時は左手で

DFから遠い位置でドリブルをするのが鉄則です。左に抜く時は、左手でドリブルします。自分の身体をDFの前に入れて、ボールを守る意識も大切です。

フェイントの基本概念①

POINT DFをどれだけ動かせるかがカギ

基本的な立ち位置

フェイントは条件によって変わってくるので、この章では右利きの選手がレフトバック（左45度）でワイドに攻めることを前提に説明します。

立ち位置は、お互い半身をずらした状態からスタートします。DFはシュートを打たれたくないので、利き腕の側をつぶそうとするからです。ここからお互いのかけ引きが始まります。DFとちょうど正対するように立って、左右どちらにでもいけるようにする立ち位置もありますが、実戦で一番多い半身をずらした状態を基本としてみていきましょう。

Check! 相手を動かすことを意識しよう！

フェイントでは「DFを動かす」という意識が大事になります。例えばフェイントをかけて身体一つ分アウトにずらせば、DFもついてきます。DFがついてきたから、今度は自分がインに切り返すという具合です。

DFについてこさせるには、「こっちにくるぞ」という怖さを相手に与えることです。1歩を大きく、大胆な動きで、相手を動かしましょう。

DFとの距離感

DFとの間合いは人それぞれですが、一般的には、お互いに腕を伸ばした距離（写真参照）になります。これが相手にボールを奪われないギリギリの位置です。

試合で多いのが、何度も攻撃しているうちに間合いが詰まるケースです。攻撃のたびに、バックステップで間合いを取り直しましょう。下がる時も、ただ真後ろに下がるのではなく、DFとずれるように意識しながら下がることが大切です。

空での動き

空（から）での動き、すなわちボールを持っていない時の動きはとても重要です。ボールをもらう前に相手とずれていれば、簡単に相手を抜くことができるからです。ボールを持ってから動くのではなく、もらう前からしかけていきましょう。

ここでも大事なのは間合い。前に出てくる相手をかわせるだけの間合いを取っておきます。また、もらう前だけでなく、パスを出した後にも動く意識が大切です。

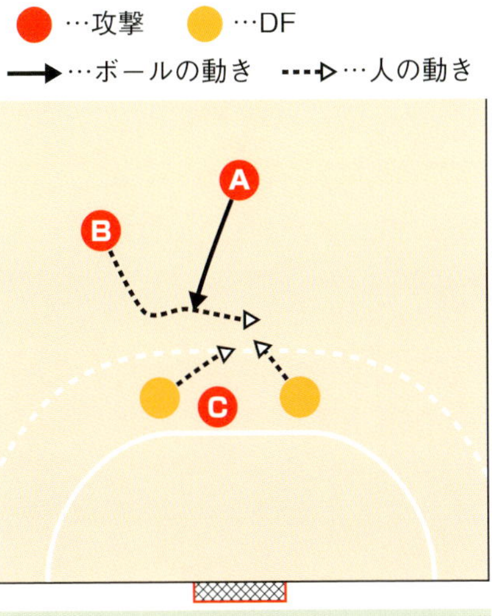

勢いよく走りこんだⒷがいい位置でパスをもらい、DFを２人引きつけたことで、ポストのⒸがフリーに。

フェイントの基本概念②

POINT DFの対応を見極めて狙い所を判断

フェイントは、相手DFの対応によって狙い所が変わってきます。半身をずらした状態からアウト（サイドライン側）へフェイントをかけ、DFが寄ってこなければ、そのままアウトから攻めこみます。逆にDFが寄ってくれば、インへ切り返します。DFの動きを見極めて、どちらを狙うか瞬時に判断しましょう。

アウトへフェイントをかける

半身をずらした状態から、まずはアウトへのフェイントをしかけて、相手DFの様子を探る。

DFが寄る

DFがフェイントに対応して、アウトに寄ってきた。相手の重心が右足に移っている。

インへ切り返す

DFがアウトに動いたのを確認したら、一気にインに切り返し、抜いていく。

DFが寄らない

アウトに大きく1歩踏み出しても、DFがフェイントを警戒して動かない場合もある。

そのままアウトへ

DFが寄ってくる前に、そのまま一気にアウトから攻めこんでいく。

インへのフェイント

POINT DFを動かし、インへ切りこむ

アウトに動くふりをしてDFを動かした後、インへ抜けていくフェイントです。インへいくというのは、ゴールに近づくという意味です。インへ抜くとゴールに近くなるので、シュートを打ちやすくなりますが、インへいくと、DFが集まってきます。また、攻撃は利き手の方向に流れがちなので、相手も警戒しています。実際にはインへはいきにくいので、アウトへのフェイントとバランスよく使い分けてください。

1 お互いに半身をずらした状態からスタート。

2 アウト（サイドライン側）に1歩踏み出し、DFを揺さぶる。

3 DFがアウトに寄ってきたのを確認する。

4 インに切り返して、一気にDFを振り切る。

5 ゴール付近にいる他のDFにも気をつけて、抜いていく。

DFが寄るとインが空く

まず、DFをアウトに寄せます。DFがアウトに寄ったから、インにチャンスが生まれます。ここで一気に切り返して、インへ攻めこみましょう。

アウトへのフェイント①

DVD

POINT 最初の１歩を大きく踏み出す

パターン①

アウトへいくとは、外側（サイドライン側）から攻めこむことです。アウトへのフェイントで一般的なのは、左足から踏み出すパターン。左に半身ずれている状態から、左にもう1歩ずらして抜いていきます。DFの寄りが遅れたところを一気にアウトへ抜きましょう。

1

たえず相手の様子をうかがいながら、フェイントをしかける。

2

（自分から見て）左に１歩踏み出し、身体一つ分ずらした状態に。

3

踏み出した１歩が大きいほど、相手とずれた状態を作りやすい。

4

オーバーステップにならないよう注意しながら、シュート体勢へ。

アウトへのフェイント②

POINT 相手の懐に飛びこんでいく

パターン②

右足から1歩踏み出すパターンです。この場合、右足を前に出して、右肩を相手の懐に入れていくのがポイントになります。右足と右肩で同時に、相手の懐に飛びこんでいく感覚です。古武術のような独特の動きで、相手を抜いていくフェイントです。

1

間合いを保ちながら、フェイントをしかけるタイミングを計る。

2

右足から1歩を踏み出し、DFに近い所を攻めていく。

もぐりこむ感覚

肩を入れようとしてぶつかっていっても、チャージングを取られてしまいます。身体をひねって、相手の懐に素早くもぐりこむ感覚を覚えてください。抜いた後はすぐに背中を入れて、DFを振り切ります。

3

右肩を入れて、相手の懐にもぐりこむ感覚で。

4

懐に入ったら、背中を入れて、ボールを守りながら抜いていく。

主なフェイントの種類－4

アウトへのフェイント③

DVD

POINT 前に詰めてくるDFをかわす

跳んでかわす

前に詰めてくるDFに対しては、横に跳んでかわすフェイントも効果的です。DFが縦に動いた時に横に跳べば、相手の反応は遅れます。両足で跳んで、着地は右足から。両足同時にベタッと着地するのではなく、アウトに跳んだ勢いを利用して抜いていきます。

DFが前に詰めてくるタイプなのかを見極める。

DFが前に飛び出してきたら、両足でアウトにジャンプする。

横に跳ぶことでDFとの距離を確保。前に詰めたDFは、一瞬、対応が遅れてしまう。

シュート体勢を作りやすくするため、右足から着地。勢いを利用して前へ攻めこんでいく。

主なフェイントの種類－５

パスフェイント

POINT リズムよいパス回しが大切

パスを出すふりをして、DFにその方向を見させ、その隙を突いて切りこんでいきます。パス回しのリズムが大事になります。ポンポンとリズムよくボールが回っていれば、DFも目でボールを追いかけてしまいます。その瞬間に、反対側へ切れこんでいくため、相手は対応が遅れてしまうのです。

1 それまでのリズミカルなパス回しが“伏線”になる。

2 隣を見て、いかにもパスを出すような雰囲気を作っておく。

Check! DFとの距離感が大事

ここでも大事になってくるのが、相手との距離感。近すぎるとすぐつかまるし、遠すぎてもフェイントにかかったはずの相手に追いつかれてしまいます。

自分が一番抜きやすい間合いを保ちながら、リズミカルな球回しを心がけましょう。

3 DFが自分から目を離した瞬間に、パスフェイクをやめる。

4 DFが見ている方向の反対側に切りこんでいく。

シュートフェイント

POINT DFにシュートを意識させておく

ステップシュート

このフェイントは、逆足のステップシュートを打てる選手がやると効果的です。右足からステップシュートを打つふりをしてインにDFを寄せ、そこからアウトに抜きます。

センターだと隣のDFがついてくるので、45度の選手がやるといいでしょう。

右足を前に出し、逆足のステップシュートを打つ構えをする。

腕の振りを速くして、DFにステップシュートを警戒させる。

ジャンプシュート

ジャンプシュートを打つふりをして相手を跳ばし、抜いていくフェイントです。注意してほしいのはジャンプする方向です。前に跳んでしまうとDFと近くなるので、できるだけ真上に跳ぶようにします。相手を跳ばした後は、真下にドリブルをつきましょう。

ジャンプシュートのモーションで、DFをブロックに跳ばす。

DFがブロックに跳んだのを確認して、ドリブルをつく。

3

DFの重心がインに移動。アウトにチャンスが生まれる。

4

右手でドリブルをつき、アウトに抜いていく。

Check! ドリブルは右手でつく

DFから遠い左手でドリブルするのがドリブルの基本ですが、このフェイントの場合は、シュートモーションの右手から左手に持ち替える時間が無駄なので、そのまま右手でドリブルします。ボールを守ることよりプレー時間を優先させます。

3

ボールをコントロールしやすいよう、ドリブルは真下に短く。

4

ワンドリブルしたボールをキープし、スペースを抜いていく。

Check! ドリブルは真下につく

ドリブルは前につかないように注意してください。ゴール前ではボールを追いかけるスペースもありませんし、シュートへいく体勢が崩れてしまいます。相手にカットされてしまう危険性もあるので、ドリブルは短く真下につきましょう。

主なフェイントの種類－7

回旋フェイント

POINT 相手の腕を払いのけてかわす

腕をグルリと回して（回旋させて）切りこんでいくフェイント。特にDFが前に詰めてきた時に有効です。ボールを持った腕を回すだけではなく、反対の手で相手の腕を払いのけるようにしましょう。DFの腕を払わないと、相手の懐に入ってしまうだけです。相手を払いのけて、切りこんでいきましょう。

1 相手DFが前に詰めて、つかまえようとしてきた。

2 自分の左手で、相手の右手を払いのける。

Check! 左手で相手を払う

ポイントになるのは、ボールを持っていない側の手の動きです。右利きの選手の場合、左手でDFの腕を払いのけて、その後に右腕を回して相手を振り切ります。相手の腕を払う勢いもうまく利用して、身体を入れて切りこんでいきましょう。

3 右腕を大きく回旋させ、相手の左手を振りほどく。

4 DFを完全に振り切り、シュート体勢に入る。

回転フェイント

POINT つかまれた肩を軸に回転する

回転フェイントは、DFとの間合いが近くなった時に使うといいでしょう。DFにつかまれた自分の左肩を軸にして、時計回りにクルッと1回転して、相手を振り払います。反時計回りに回転する方法もありますが、身体にパワーがないとできないので、ここでは時計回りのパターンを紹介しておきます。

1 DFが間合いを詰めて、動きを止めにきた状態。

2 自分の左肩を軸にして、時計回りに回転する。

Check! 左肩を軸に回転

自分の左肩をつかまれてしまったら、そこから横に動いても、なかなか逃げることはできません。

そこで自分の左肩を軸にして、ターンして振り切ります。つかまえにきた相手の右手を振りほどくように回りましょう。

3 回りながらも、ゴールに近づいていく意識を忘れないこと。

4 体勢をしっかりと整えて、シュートに持ちこむ。

フェイント応用編－1

ダブルフェイント

DVD

POINT フェイントの連続でDFを振り切る

ここでは、インへのフェイントをしかけた後、もう一度アウトへ抜く動きを紹介します。まずDFをアウトに寄せ、次にインへ寄せてから、自分はアウトに抜いていきます。

レベルが上がると、一度のフェイントだけでは相手もひっかからなくなるので、いろいろなフェイントを合わせ技で使う必要があります。小、中学生には難しい動きかもしれませんが、早い段階から意識して練習しておきましょう。

1

お互いに半身をずらした状態から勝負が始まる。

2

まずはアウトにフェイントをかけて、DFを誘う。

3

相手の動きを見て、インへ切り返したが、DFも対応してきた。

4

DFがインに追いかけてきたのを見て、もう一度アウトに切り返す。

5

急激な方向転換に、DFは対応が遅れてしまう。

6

相手の隙を見逃さず、空いたコースへ一気に攻めこむ。

回転のダブルフェイント

POINT アウトと回転の組み合わせ

アウトへのフェイントと回転フェイントとの合わせ技です。これまでのように、自分が主導権を握って、相手を動かしていきます。

左手でドリブルしながらアウトへフェイントし、DFが寄れば、右肩を軸にして反時計回りに回転フェイントをします。

ダブルフェイントの組み合わせは、たくさんあります。自分でいろいろと試してみて、オリジナルの組み合わせを作ってみましょう。

1 インにしかけるふりをして、DFの様子をうかがう。

2 DFをインに寄せてから、アウトに切り返す。

3 DFから遠い左手でドリブルをつくのがポイント。

4 DFが振り切られずに、アウトへの動きに対応してきた。

5 つかまえにきたDFを振り払うために、回転フェイントをしかける。

6 ボディバランスをしっかり保ち、反時計回りに回転する。

Message From DAISUKE　Part 3

「DFとのかけ引きを制する」

DFとの1対1、かけ引きを制するために必要な要素とは……？

大事なのは間合いの攻防

僕は、1対1の攻防で大事なのは間合いだと思っています。いかに、自分の間合いに持っていくか、あるいは、DFの間合いにされないか、です。そこに、DFとのかけ引きが生まれます。試合中、DFは僕の間合いをつぶそうと前に出たり下がったり、いろいろしかけてきます。そうした動きを瞬時に見極めないといけません。

そのためには、動体視力も必要ですが、やはり重要なのは「経験」だと思います。経験を積んでいくと、DFの動きがある程度予測できるようになります。例えば、大きいDFには低くもぐりこんでいこう、逆に小さいDFなら力で押し切ってしまおうとか、どんなフェイントが効果的なのかも、予想できるようになるはずです。

動きを観察して見極める

ただし、初めて対戦する相手には、そうしたデータがありません。また、何度も対戦している相手でも、その日は違う動きをするかもしれません。ビデオなどで分析はしますが、実際に当たってみないと、どんなDFをするかは、完全にはわかりません。

だから、僕は最初にフェイントをしかけた時に、相手がどんな動きをするか見極めるようにしています。フェイントをしかけて抜くことができればそのままいけばいいし、たとえつかまったとしても、相手がどんなDFをしたかを感覚としてつかんでおけば、その後のプレーに生かせるわけです。

もちろん最初だけでなく、試合中は常にDFを観察して見極めることが大切です。例えば、パスを投げる瞬間にチラッとDFの方を見てみる。投げる方向を向いてしまうDFならパスフェイントがかかりやすいはずです。また、最初は向いていなくても、試合が進むにつれ、つい向いてしまうような瞬間が生まれるかもしれません。

DFとのかけ引きは、一瞬の判断が勝負を分けます。相手のわずかな隙も見逃さないようにしてください。

Chapter 4

4章

シュート

SHOOT

Chapter 4

SHOOT

Introduction

シュートの重要性

シュートは、ハンドボールの魅力が凝縮されたプレー。勝利のために、前を向いて、ゴールを狙え！

試合中に思い切りよく打てるようシュートの基礎を固めておこう！

シュートには、ハンドボールの魅力が集約されています。走る、跳ぶ、投げるという運動の３大要素を満たすのが、ハンドボールのシュートです。これは他の競技にはない、ハンドボールだけの魅力です。

また点を取ることは、ハンドボールで最も重要な要素です。どんなにパスをつないでも、どんなにフェイントで相手を抜いても、最終的に点が入らなければ意味がありません。攻撃のすべてのプレーは、点を取るためにあるのです。

シュートは、メンタルな要素に左右されやすいといわれています。少しでも迷いがあると、シュートの威力は半減します。迷うことなく、思い切りよくシュートを打てるように、フォームの基礎を身につけておきましょう。

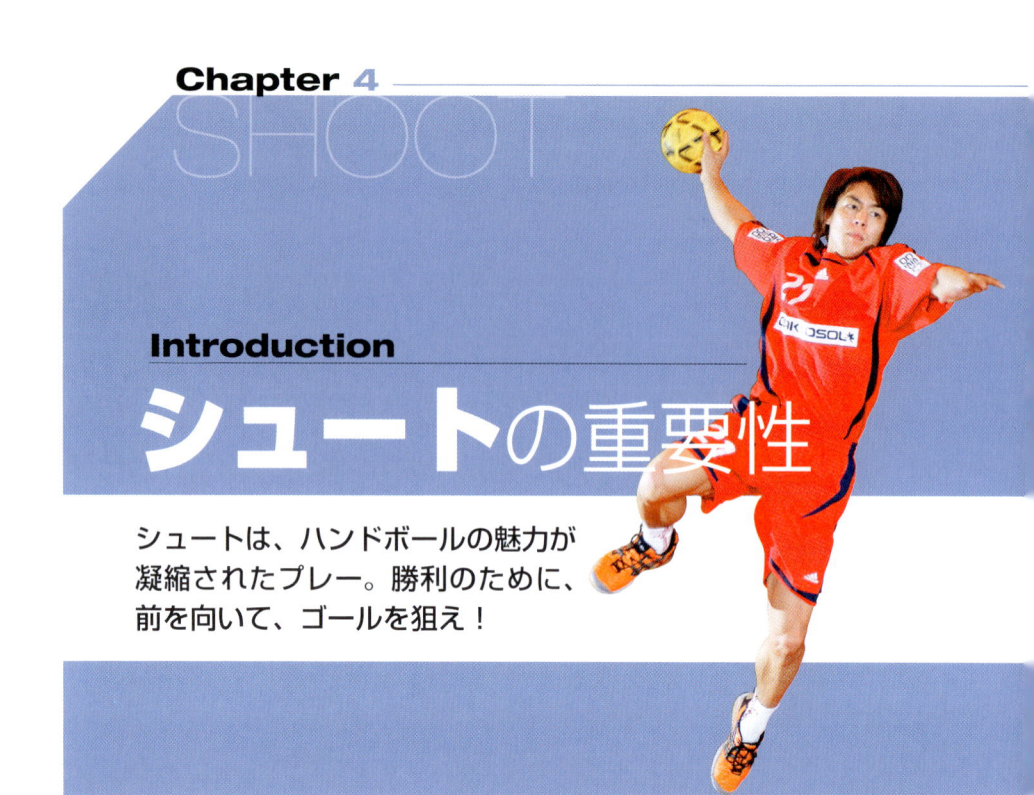

1 シュートの基本

最も基本的な動きであるステップシュートと、試合の中で最も使われるジャンプシュートを紹介しています。３歩より少ない歩数で打つシュートも、あえて基本としました。初めのうちは難しいかもしれませんが、基本として身につけておけば、実戦で大いに役立つはずです。繰り返し

練習して、マスターしましょう。
(→74〜81ページ)

2 主なシュートの種類

様々な場面で使えるシュートのテクニックを説明しています。シュートのバリエーションが増えれば、相手とのかけ引きも楽しくなります。
(→82〜87ページ)

3 シュート応用編

応用として、ポジションごとの特別なシュートなどを解説しています。「0歩で打つシュート」のように、かなり高度なプレーもありますが、ぜひチャレンジしてください。
(→88〜93ページ)

4 シュートの練習方法&まとめ

より実戦に近い形で行うシュート練習を紹介しています。試合中に気持ちよくシュートを打てる場面は限られています。DFがついた状況や、自分が疲れた場合を想定して練習してみましょう。試合で訪れる苦しい場面で役に立つはずです。

また、本編で収めきれなかった、細かい感覚などを、“まとめ”に盛りこみました。
(→94〜95ページ)

シュートの基本－1

ステップシュート～3歩～

POINT 試合のかけ引きに有利なシュート

コート上に両足が着いた状態から、左足を1歩踏み出す。

左足が着地したら（1歩）、右足を交差させ、前に出す。

上体をひねり、パワーを蓄える。ひねりが少ないと威力が落ちる。

最も基本的なシュートがステップシュートです。また、走りながら、構えを作らずに打てばランニングシュートになります。

シュートフォームを作る基本になるので、まずは3歩で打つステップシュートの動きを練習しましょう。

右投げの選手の場合、左足から1歩を踏みこんでいきます。その後は交互にステップを踏んで、3歩目（左足が前にきた時）にシュートを放ちます。

上体をしっかりひねって、力を蓄え、リリースポイントでその力をボールに伝えてください。腕の位置はオーバースローが基本ですが、状況に応じて、サイドスローやアンダースローから打ってもいいでしょう。DFの腕をかわすことが大事です。

相手にステップシュートを意識させるだけで、試合のかけ引きで優位に立てます。相手に怖さを与えるためにも、積極的にステップシュートを狙っていきましょう。

4

右足で着地したら（2歩）、左足を踏み出す（3歩）。

5

これまでためてきたパワーを、リリースポイントで爆発させる。

6

フォロースルーを大きく取ることで、シュートも安定する。

Check! 逆足は慣れてから練習しよう！

右足から入ると、3歩目は右足が前でシュートを打つことになります。いわゆる「逆足」の状態です。逆足だと身体が正面を向いてしまい、上体のひねりが小さくなりがちです。そのため、力が強くないと、シュートの威力も落ちてしまいます。世界のトップクラスになると、体幹をうまく使って速い球を投げますが、まだ体力のない小学生にはあまりお勧めできません。まずは、左足から入るステップシュートを身につけることから始めてください。

ステップシュート～2歩・1歩～

POINT 歩数を減らして素早くシュート

2歩

2歩のステップシュートは、空中でボールをもらって左足で着地し（0歩）、右足から踏み出して（1歩）、左足を前に出して（2歩）打ちます。基本は3歩の場合と同じです。上体をひねり、体幹の力を生かして、フォロースルーを大きく取って投げましょう。

空中でボールをキャッチし、左足で着地する（0歩）。

右足を左足と交差させながら、前に出していく。

1歩

1歩のステップシュートは、空中でボールをもらって右足で着地し（0歩）、左足を踏みこんで（1歩）打ちます。攻撃に緩急をつけたい時に使うといいでしょう。速いパス回しから急に1歩で打ったり、ひと呼吸置いてから突然1歩で打ったりすると効果的です。

空中でボールをもらって、右足で着地する（0歩）。

次に、左足を前に踏み出していく（1歩）。

右足から着地したら（1歩）、左足を踏みこむ（2歩）。

左足で体重を支えながら、上体をひねり、ボールを振り上げる。

リリースでは手首を利かし、バックスピンの回転を心がける。

素早く上体をひねり、シュートモーションに入る。

相手DFが反応する前に打てれば、シュートの確率も高くなる。

Check! なぜ歩数を減らす？

トップレベルになると、３歩も歩く余裕がありません。早くシュートを打たないとDFにつぶされてしまいます。

そのため、歩数を減らしたシュートが必要になってきます。相手の準備が間に合わないタイミングで、素早く打ちましょう。

ジャンプシュート～3歩～

POINT 反動をうまく使って高く跳ぶ

両足がコート上にある状態で、左足から踏みこんでいく（1歩）。

右足を前に出し（2歩）、加速していく。

走りこむ時も、DFやGKから目を離さない。

試合で一番使うシュートがジャンプシュートです。DFの上から打てるし、ボールに力を伝えやすいので、いろいろな場面で必要になってきます。ここではバックプレーヤーのジャンプシュートを説明します。

右利きの選手の場合は、左足が踏み切り足になります。この時に左足だけで跳ぶのではなく、右足を蹴り上げると、より高く跳べます。ボールを持った右手を振り上げる力も利用しましょう。反動をうまく使って、真上に高く跳びます。

空中では上体をひねって、力を蓄えます。空中で上体がぶれないよう、フォーム作りから意識しましょう。腹筋、背筋の力が弱いと上体がぶれてしまうで、体幹の強化も心がけてください。リリースする位置が高いほどDFのシュートブロックをかわせます。シュートに角度があれば、GKも捕りにくくなります。まずはジャンプの頂点でのリリースを覚えましょう。

4

左足を踏みこみ（3歩）、重心を下げて、ジャンプに備える。

5

右手でボールを振り上げる力、右足を蹴り上げる力を使って高く跳ぶ。

6

ジャンプの頂点で、相手をよく見て、ボールをリリースする。

Check! ロングシュートの時は真上に跳ぶ

ジャンプシュートは、DFの上から打つためのものです。DFに当たりにいったら意味がありません。DFとの間合いを保つために、真上に跳びましょう。勢いがついてしまうと、どうしても前に跳んでしまいがちになりますが、前へいく力を縦方向への力に変えて、高く跳んでください。

応用として、横や斜め後ろに跳ぶ打ち方もありますが、まずは基本として、真上に高く跳ぶ意識を大切にしてください。

シュートの基本－4

ジャンプシュート～2歩・1歩～

POINT 歩数を意識せず自然に打てるように

2歩

2歩のジャンプシュートは、空中でボールをもらって左足で着地して(0歩)、右足を踏み出した後(1歩)、左足でジャンプします(2歩)。3歩の場合とボールをもらう足が逆になりますが、最終的に左足で踏み切るのは同じです。真上に高く跳ぶのも同様です。

1 味方からのパスを空中でキャッチする。

2 左足で着地し（0歩)、体勢を整える。

1歩

1歩のジャンプシュートは、空中でボールをもらって右足で着地してから（0歩)、左足でジャンプします(1歩)。ボールをもらう足は3歩の時と同じです。最初は難しいかもしれませんが、実戦で役立つシュートです。早い段階から練習しておきましょう。

1 空中で味方からのパスをキャッチする。

2 右足で着地して（0歩)、シュート体勢に入る。

右足を踏み出し（１歩）、次に左足を前に出していく。

重心を下げて左足で踏み切り（２歩）、ジャンプの体勢に入る。

右腕を振り上げる力、右足で蹴り上げる力も利用して、高く跳ぶ。

重心を下げ、力をためて左足で踏み切る（１歩）。

力強いテークバックがシュートスピードを生み出す。

Check!

歩数を意識せず打とう

歩数を気にしすぎると、プレー中に迷いが出てしまいます。試合で無意識に動けるように、どちらの足でボールをもらうかを意識して練習してください。初めから歩数を決めて打つのではなく、状況に応じて歩数を減らす意識が大切です。

主なシュートの種類－1

ブラインドシュート

POINT GK＆DFの意表をつくシュート

パターン① サイドから打つ

DFの影（ブラインド）から突然シュートを打つのが、ブラインドシュートです。最初からサイドハンドで構えるのではなく、「上から打つぞ」という雰囲気を作って、DFの腕を上げさせるのがポイント。相手の意表をつくタイミングで打つと効果があります。

上から打つように見せかけて、途中でサイドハンドに切り替える。

自分の身体がDFで隠れる位置からシュートを放つ。

パターン② ブロンジョンシュート

このシュートは、アクロバティックな身のこなしが求められます。側転のように身体を横に倒して、利き腕と反対側からシュートを放ちます。かなり高度なテクニックですが、GKの意表をつく効果がありますし、決まればとても盛り上がるシュートです。

真上に跳ぶジャンプシュートを打つ雰囲気を見せながら、走りこむ。

自分の身体を左側に倒して、シュート体勢に入る。

3

ただブラインドで打っても入らない。どこを狙うかを意識してシュートを狙うように。

Check! GKから見えづらい

GKから見ると、突然シュートがくるような感覚になるので、反応が遅れてしまいます。DFと正対すれば、GKからは腕しか見えません。自分の身体をDFで隠して、素早いモーションで狙います。

3

ジャンプしながら、身体が床に対して平行になるくらいまで倒れる。

4

身体のバランスを保ちながら、最後までGKを見て、コースを狙う。

Check! ここが狙い目！

右利きの選手の場合、ゴールの右下（GKから見た左下）が狙い目になります。

Reverse Angle

主なシュートの種類－2

倒れ込みシュート

DVD

POINT 投げ終わった後の受身が大切

身体を前に投げ出して打つシュートです。主に６ｍライン周辺で、ゴールに近づきたい時などに使います。特にポストやサイドの選手は覚えておいてもらいたいシュートです。大事なのは、打ち終わった後の受身です。床を滑りながら自分の勢いを殺して、GKとぶつからないようにしましょう。

1

身体を前に投げ出しながらシュートを放つ。

2

腕を柔らかく保ち、着地の衝撃を吸収する。

3

胸と腹全体を使ってコート上を滑る感覚。骨がある部分で滑ると、床との摩擦でやけどする恐れがあるので注意する。

Check! 砂場等で練習

小学生や初めてプレーする人は、砂場などで恐怖感を取り除いてから、体育館で試してください。両ヒザにサポーターをつけておくのもいいでしょう。

両腕を突っ張らずに、柔らかくして、衝撃を吸収するのも大事。一度感覚をつかめば、怖くありません。

主なシュートの種類－3

ループシュート

POINT GKの頭上に放物線を描く

GKが前に詰めてきた時に使うシュートです。GKの頭上に放物線を描くような軌道でボールを浮かせます。

最後の瞬間まで「強いシュートを打つぞ」という体勢を保って、そこから手首を利かせて、GKの上にフワリと浮かせましょう。ギリギリまでGKに見抜かれないようにするのがポイントです。

ジャンプシュートの体勢で、GKを前へ誘い出す。

ギリギリまで強いシュートを打つ姿勢を崩さない。

手首の使い方

手首を使って、バスケットボールのシュートのような感覚でボールを浮かせます。ただ上に投げるだけでは高さも方向も安定しないので、スナップを利かせましょう。

カーブ回転をかけるやり方もありますが、まずはバックスピンの回転を意識してください。

GKが前に詰めてきたら手首を利かせて、ループに切り替える。

ゴールの枠を越えてしまわないように、注意して投げる。

主なシュートの種類－4

スピンシュート・逆スピンシュート

POINT 手首の使い方をマスターしよう！

スピンシュート

ボールにカーブ回転をかけて、GKの横にバウンドさせるシュートです。スピンをかけているので、いったん枠の外へ逃げたボールがワンバウンドした後に、ゴール方向へ弾んでいきます。特に、右利きの右サイドの選手が覚えておくと便利なシュートです。

ジャンプシュートのふりをして、GKを前におびき出す。

GKが前に詰めてきたのを確認して、スピンに切り替える。

逆スピンシュート

スピンシュートとは逆に、シュート回転をかけます。回転のかけ方はいろいろありますが、共通するのは「投げたい方向に回転をかける」というイメージです。逆スピンシュートの場合は、自分から見て右側に回転をかけて投げると、左に弾んでいきます。

上からシュートを打つふりをして、GKを前に誘い出す。

手首を手のひら側に折り曲げ、逆スピンの体勢に切り替える。

ボールを上から下にすくい上げるようにしてカーブ回転をかける。

いったん枠の外で弾んだボールが、ゴールへ近づいていく。

Check! 手首の使い方

スピンシュートは腕を振り下ろす勢いを利用します。身体の前で手の甲を上から下にひっくり返すようにしてカーブ回転をかけます。

手首を反り返す反動で、ボールをGKの横に弾ませる。

回転をかけたボールは、バウンドした後、ゴールに近づいていく。

Check! 手首の使い方

通常のシュートフォームからボールを下げ、手首を反り返らせて回転をかけます。最後は腕を右に払うようにして投げます。

サイドシュート

POINT シュートを打てる角度を広げる

パスをキャッチしたら、1歩でシュート体勢に入る。

ラインクロスにならないよう、歩幅を合わせて跳ぶ。

少しでも内側に跳んで、ゴールの角度を広げていく。

　サイドシュートもジャンプシュートの一種ですが、バックプレーヤーのシュートとは跳び方が違います。バックプレーヤーは真上に跳びますが、サイドシュートはゴールエリアの中に跳んでいきます。ライン上で跳んでも、角度が取れないからです。できる限り横に跳んで、シュートを打てる角度を広げましょう。

　シュート体勢に入ったら、身体を縦に構えます。空中で身体を横に寝かせてしまうと、打てるコースが限られてしまいます。“近め”も“遠め”も両方打てる可能性を残すために、身体を縦に構えましょう。

　またラインクロスにならないよう、練習で歩幅を合わせておくことも大切です。

1歩でもらう

　サイドシュートでは、1歩でパスをもらうことが大事。立ったままもらうのではなく、リズムよくボールをもらい、シュートにつなげます。

最後までGKを見て、ループやスピンなども選択肢に入れておく。

Check! GKのここが狙い目！

サイドシュートは、GKの腰の近くを狙うのがセオリーといわれています。いわゆる“腰横”です。手でも足でもすぐに反応しにくい位置なので、狙い目になります。

またGKが詰めてきたら、ループシュートやスピン、逆スピンシュートを使ってかけ引きをしましょう。GKを最後までよく見ることが、かけ引きの基本です。

ポストシュート

POINT エリアの内側に跳ぶ意識を持つ

反時計回り

ポストシュートはゴールエリアの内側に跳びながら打ちます。ターンする時にゴールから遠くなると、GKに止められやすくなりますので、できるだけ内側に跳ぶように心がけましょう。GKが詰めてきたら、ループやスピンシュートも選択肢に入れておきます。

DFの手が届かない場所で、味方からのパスをキャッチする。

キャッチしたら、その流れでシュートモーションに移る。

時計回り

キャッチからシュートまでの自然な流れと相反する動きになるので、バランスを保つのが難しくなります。反時計回りの時以上に内側に跳ぶ意識を強く持ちましょう。いつも反時計回りだけだとDFに動きを読まれるので、このパターンも覚えておきましょう。

味方からのパスをしっかりとキャッチする。

左足を軸にして、右足を横に踏み出し、ターンに備える。

3

身体をターンさせ、ゴール方向に近づいていく。

4

前に跳ぶのではなく、高く跳ぶことを意識。

3

ゴールから遠ざからないよう注意して、時計回りでターンする。

4

両足でジャンプし、ゴールエリアに近づいていく。

Check!

位置取りが重要

ポストシュートで重要なのは、ボールをもらう前の構えです。両足がライン上に揃ってしまうと、DFにパスカットされやすくなります。両足をDFに対して垂直に構えて、自分のスペースを作りましょう。DFの手が届かないスペースを作ることができると、パスをもらいやすくなります。

OK

NG

０歩のシュート

POINT 身体のバランスをうまく保とう

ステップシュート

空中でボールをもらって左足で着地（０歩）。その左足を支えにステップシュートを打ちます。ハンドボールでは、ボールをもらって着地した時を０歩目と数えるので、０歩のシュートと呼びます。難しいシュートですが、相手のタイミングを外す効果は抜群です。

1

タイミングを合わせて、空中でパスをキャッチする。

2

左足で着地し（0歩）、そのまま左足で踏ん張る。

3

左足を支えにして、そのままステップシュートに持ちこむ。

4

身体全体のバランスを整えながら、上体をひねって力を蓄える。

5

リリースの時も左足は床に着けたままで。

ジャンプシュート

空中でボールをもらって左足で着地（0歩）。その左足でジャンプします。身体のバランスを保つのが難しいシュートですが、挑戦してみてください。

0歩のシュートを練習しておけば、試合ではいろいろな歩数でシュートが打てるようになります。

1 うまくタイミングを合わせて、空中でパスをキャッチする。

2 左足から着地（0歩）。DFやGKの動きも観察しておく。

3 着地した左足でタメを作る。左ヒザを曲げ、体勢を整える。

4 左足で踏ん張りながら、そのまま左足でジャンプする。

5 空中でバランスを整えて、シュートを打つ。

Let's Practice!

シュートの練習方法

POINT 実戦を想定して練習しよう

DFの手に応じて

DFをつけると、シュート練習はより実戦的になります。DFにはシュートを打つ直前に手を上げ下げしてもらって、それに応じてシュートを打ち分けていきます。

例えばDFの手が上がったら、横からのシュートを狙います。DFの手が下がったら、今度は上から狙っていきます。

DFの動きに素早く反応して、適切なシュートが打てるように何度も練習しましょう。

横から打つ

上から打つ

試合後半を想定

試合の後半では、必ず疲れてきます。身体が疲れた状態を想定して練習するのもいいでしょう。

腕立て伏せやダッシュをした直後にシュートを打つと、普段入っていたシュートが入りづらくなります。それは疲れがたまっているからです。いつも万全な状態でシュートを打てるとは限りません。疲れた状態を自分で作って、その中でシュートを決めるにはどうすればいいかを考えれば、苦しい場面で役に立つはずです。

シュートの総括

シュートのまとめ

POINT 強い気持ちでゴールを狙おう！

打つタイミングやコースなどを工夫してGKのタイミングを外す

単純に1・2・3でシュートを打っていても、相手に止められるだけです。様々なタイミングでシュートを打てるように工夫しましょう。1歩や0歩で打つのも同じ考えです。DFやGKが構える前に打てれば、それだけ入る確率も高くなります。

歩数だけでなく、ジャンプシュートを打つタイミングも変えてみましょう。最高到達点でリリースするのが基本ですが、ジャンプしてすぐのタイミングで打つのも効果があります。いわゆる「クイックシュート」です。ジャンプの落ち際で打つ選手もいますが、オーバーステップを取られやすいので、初心者はクイックシュートから練習してください。

また、思い切り打つだけでなく、ふだんの練習からコースを意識しましょう。ハンドボールでいう「流し（＝右利きの選手から見てGKの右側）」と「引っ張り（＝同左側）」を打ち分ける感覚は大事です。GKが「もう流ししかない」と思った時に引っ張りに打てれば、相手のダメージは大きくなります。テクニックやかけ引きはいろいろありますが、最後は「絶対に決めてやる！」という気持ちが一番大切です。強い気持ちでゴールを狙いましょう！

ブラインドシュートのようにDFやGKのタイミングを外すシュートは実戦で効果的だ。

Check! 7ｍスローのポイント

7mスローを決めるには、まず相手のプレッシャーに負けないことです。強い気持ちで、GKをよく見て打ちましょう。技術的なアドバイスはありませんが、あえていうなら、自信の持てるシュートを一つ作っておくこと。いざという時、心の支えになります。

Message From DAISUKE　Part 4

「シュートを決める喜び」

天性のゴールハンターが思い描く理想のシュートとは……？

思い出深いシュート

最近はパスの面白さもわかってきましたが、やっぱりシュートを決めた時の喜びは一番ですよね。すごく気持ちいいし、自分のシュートで観客が盛り上がってくれると、鳥肌がたって、足がすくみそうになるくらい“ゾクゾク”することもあります。

これまでにたくさんのゴールを決めてきましたが、中でも思い出深いのは、2003年にフランスで開かれた国際試合で決めたシュートです。

全日本がフランス代表と戦った親善試合だったんですが、その試合で、両足ジャンプで思い切り跳び、２m級の相手DFの上からロングシュートを決めたんです。この試合は、1万人以上の観客が入っていましたが、ほとんど全員がフランスのファン。その人たちが、僕のシュートを見て、ざわめいたんですよね。

僕は175cmしかありません。そんな僕が、2mのフランス人選手の上から打てるとは誰も思っていなかったはずなんですよね。そういう驚きが、ざわめきから伝わってきて、なんともいえないくらい気持ちよかったです。あの時の興奮、そして鳥肌がたった感覚は、今でも忘れられません。

理想のシュートとは？

自分が打つ前に描いたイメージ通りに、ゴールに突き刺さるシュートが理想です。DFに押されて倒れながらとかではなく、しっかりと踏み切って、思い切りよく打ちこんだ時ですね。ボールにスピードや伸びが出たときは、気持ちいいシュートになります。伸びが出たかどうかは、シュートが入った後にわかります。ボールの勢いでゴールネットが上がるんです。それで、GKが1歩も動けない、という状態だったら、もう完璧ですね！

Chapter 5

5章 コンビネーション

COMBI
NATION

Chapter 5

COMBINATION

Introduction

コンビネーションの重要性

チームスポーツで大切なのがコンビネーション。苦しい時ほど、コンビネーションで状況を打開しよう！

息の合ったコンビネーションがチームのピンチを救う

チームオフェンスが行き詰まると、往々にして単発の個人技頼みになってしまいます。「自分でいこう」という気持ちも大切ですが、1人ひとりが単発でいきすぎると、他の選手がその動きを見ているだけになってしまいます。いわゆる“足が動かない”状態です。これではシュートは決まりませんし、仮に点が入ったとしても、ムードはよくなりません。苦しい状況を打開するには、チーム全体で点を取ることが大切です。苦しい時ほどコンビネーションで点を取ってほしいのです。

この章では、2人、もしくは3人での動きについて解説しています。一見複雑そうなコンビネーションも、2人、3人での動きがベースになります。それぞれが動きの意味を理解して、息を合わせてプレーすれば、コンビネーションはうまくいくでしょう。その結果として、チャンスも生まれてきます。

1 コンビネーションの基本

ここでは、ハンドボールでいう“きっかけ”の意味などを説明しています。何のために“きっかけ”になる動きをするのか、その原点から理解を深めていけば、コンビネーションで動く意味も見えてきます。ただサインが出たから動くのではなく、サインの意味と、自分の役割を理解して動ける選手になりましょう。
(→100～101ページ)

2 主なコンビネーション

コンビネーションの基本となる、ごく簡単な動きを紹介します。シンプルなプレーばかりですが、見落としがちなポイントを押さえていますので、参考にしてください。プレーのツボをわかっていれば、基本的なコンビネーションだけでも十分に相手をずらせます。
(→102～107ページ)

3 コンビネーションの練習&まとめ

子どもにもコンビネーションの意味がわかるような練習方法を紹介しています。楽しみながら、自分で考えて動くことで、いろいろなアイデアが生まれてきます。それをコートの上で表現していきましょう。自分の頭で考えて、味方と息を合わせる中で、新たな発見があるはずです。

連動して動く面白さを理解すれば、コンビネーションはもっと楽しくなります。
(→108～109ページ)

コンビネーションの基本概念

POINT チーム全体で連動した動きを意識

“きっかけ”とは？

攻撃の足がかりを作るために、チーム全体で決められた動きをすることを“きっかけ”といいます。しかし、ただなんとなくきっかけをやっているチームが多いように思えます。約束どおりには動いているけど、約束に縛られすぎて、ただ動いているだけになっているのです。

例えば、サイドとバックプレーヤー（45度）のポジションチェンジから始まるきっかけがありますが、ただ入れ替わるだけでは、相手DFを崩せません。相手に「(シュートが) くるかもしれない」という“怖さ”を与えることが大事です。きっかけは相手を崩すためにやるのです。

ですから、いつも前を狙って、いつでもシュートを打てる体勢でいることが大事です。隙あらばゴールを狙う姿勢を見せていれば、DFも動かずにはいられません。

また、ボールを持たない選手の動きも重要になってきます。スピードに乗って入ってくれば、相手に“怖さ”を与えられます。“怖さ”を与えてDFを崩すことが、最終的にシュートチャンスを生み出すのです。

約束どおり動くことが目的ではない。DFを崩すために動くのがコンビネーション。

ふだんからチームメイトとコミュニケーションをとっておくことも大切。

連動性が重要

コンビの動きで大事なのは“連動性”です。１人ひとりがバラバラに動いても、相手にとっては怖くありません。お互いの動きが連動しているから、DFを崩せるのです。

そのためにも、１人ひとりが自分の役割を理解することが大切です。自分がこう動けば、DFがこっちに動く。すると、そこにスペースができるから、最終的にそこで点が取れる、というような流れを、全員が把握しておきましょう。

ボールを持たない選手が“連動”することで、DFを崩すことが可能になる。

バックステップが大切

攻撃のコンビネーションにおいても、バックステップは大切です。間合いを取るだけでなく、相手をずらすためにも役立ちます。例えば、自分がレフトバックにいて、右に展開したい場合は、左サイドにパスをした後、真後ろではなく左後ろにバックステップすることでDFを左に寄せます。それにより、右のスペースを広げることができます。１人ひとりがDFを寄せることで、最終的に右サイドにずれが生じてきます。

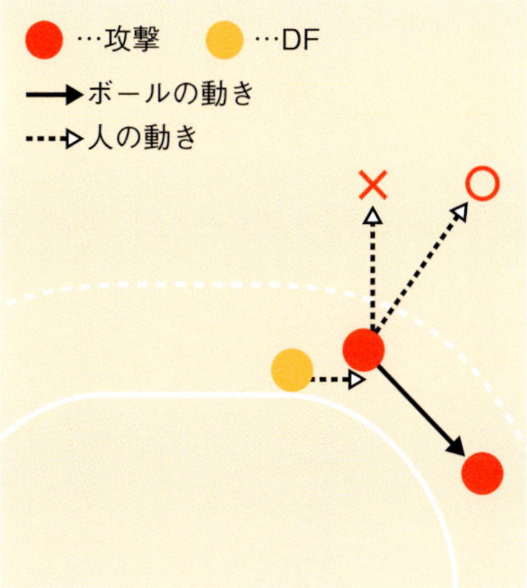

パスを出したら、右サイドにスペースを作るために真後ろではなく、左後ろに下がる。

主なコンビネーションー1

クロス

POINT しっかり前を向いて攻める

1

まずボールを持った選手が前を攻めて、DFを引きつける。もう1人の選手も攻める意欲を見せる。

2

ボールを持った選手がDFを寄せたタイミングを見計らって、もう1人の選手がスピードに乗って走りこむ。

パラレル（平行）で攻めてばかりでは、相手DFも簡単に対応してきます。そこで、味方と交差するクロスの動きが必要になります。

意識するのは、しっかりと前を向いて攻めること。ボールを持った選手がDFを引きつけておき、スピードに乗って走りこんできた味方にパスしましょう。

DFが前に詰めた瞬間に、素早く横にクロスできれば、DFは追いつけなくなるのです。

Reverse Angle

バックパスが長すぎると、コンビネーションを合わせにくくなる。ボールを軽く浮かせる程度でOK。

ボールを持たない選手がボールを持った選手と交差する。ボールを持った選手はバックパスでボールを渡す。

ギリギリまでDFを引きつけてパスを出すことで、クロスが成功する。走りこんでくる速さも大切になる。

Check! DFがついてこなければ……

もしDFが詰めてこなければ、パスを出さずにそのまま攻めます。クロスでくると相手が読んでいる所に、パスを出す必要はありません。DFが寄ればパス。DFがこなければ自分でいく。相手を見て判断しましょう。

主なコンビネーション－2

ブロックプレー

POINT 相手の動きを壁になって止める

横ブロック

ブロックとは、相手DFを押さえこみ、チャンスを作る動きをいいます。主にポストの仕事ですが、流れの中で他の選手にも求められます。

横ブロックは、自分がパスをもらえるスペース、味方が走りこめるスペースを作るための動きです。また、DFを区切って、数的優位を作るためにも欠かせないプレーです。

両足を6mラインに揃えず、DFに対して垂直に立ちます。相手の動きを背中で食い止めましょう。

ブロックをかける選手は、どこにスペースを作れば味方が攻撃しやすいかを考えておく。

前ブロック

前ブロックは、味方をDFから守るプレーです。シュートに跳んだ味方がDFと接触しないように、ポストが身体を張って抑えこみます。

前ブロックに入るタイミングは、DFがシュートに対応しようとする瞬間。DFがシュートだけを意識している隙を狙います。

DFの隣にいると警戒されますから、DFの視野外から入りましょう。DFの隣の隣から入るのがうまくいく秘訣です。

DFが目の前のシューターに集中している時、視野外から入って前ブロックをかける。

2

DFの横に入り、ブロックをかける。DFと足が揃わないよう、DFに対して垂直に両足を構える。

3

横ブロックをかけられたため、DFがボールへ近寄れない。写真の右側にスペースが生まれた。

2

前への動きを封じられているため、DFが前へ詰められない。ノーマークで打てるチャンスが作れた。

NG 相手を押すとファウル

押したり、自分からぶつかりにいくとファウルを取られますので、注意しましょう。ブロックは、相手の動きを壁（スクリーン）になって止めるプレーです。自分から相手を突き飛ばすプレーではありません。

主なコンビネーション－3

スカイプレー

POINT パスと跳ぶタイミングを合わせる

スカイプレー

空中でボールをキャッチしてそのままシュートするスカイプレーは、華やかなプレーです。決まれば、会場は盛り上がるし、チームに勢いが出ます。ふだんからコンビネーションを合わせておけば、アイコンタクト（目の合図）でスカイプレーを決められます。スカイプレーには、投げたボールに跳ぶ人が合わせる方法と、跳んだ人に合わせてパスを出す方法がありますが、ボールに合わせて跳ぶ方が一般的です。

空中にパスを出して、そのパスに合わせて選手が跳んでキャッチ。そのままシュートする。

ダブルスカイ

２人が跳んで、空中でパスをつなぐプレーがダブルスカイです。ここで重要なのは、最初に跳んだ人の動きです。初めからダブルスカイと見抜かれてしまっては意味がありません。最初に跳ぶ人がシュートを狙う意欲を見せて、GKを十分に引きつけてから、パスを出します。

２人目に跳ぶ人も、味方の狙いを感じ取って走りこみます。味方の意図を感じるためには、プレーから目を離さないことも大切です。

1

空中に出されたパスを、最初の選手がキャッチ。パスの高さに合わせて跳ぶのが基本。

Check! スカイプレー時のシュート

基本はボールに合わせて跳びますが、理想をいえば、ボールが右胸（右利きの場合）の少し上にくると、シュートをしやすくなります。前を見ながらでもキャッチできるからです。ふだんの練習から、味方がどれくらい跳べるかを知っておくといいでしょう。

空中でキャッチした後は、GKを引き寄せてから、2人目の選手にスカイのパスを出す。

走りこんできた2人目の選手が、パスの高さに合わせて跳ぶ。空中でキャッチして、そのままシュート。

Let's Practice!

コンビネーションの練習方法

POINT “連動性”の大切さを感じよう

ボールを持たない3対3

攻撃の3人は、1人でもゴールエリアの中に入れば勝ち。ただし、守備の人につかまったらアウト。その人はもうプレーできません。

ここでも大事になるのが“連動性”です。1人だけで動いても、すぐにつかまってしまいます。3人のコンビネーションで、どう動けばゴールエリアに入れるかを、みんなで考えてください。

鬼ごっこ感覚で楽しめるので、小学生にお勧めの練習方法です。

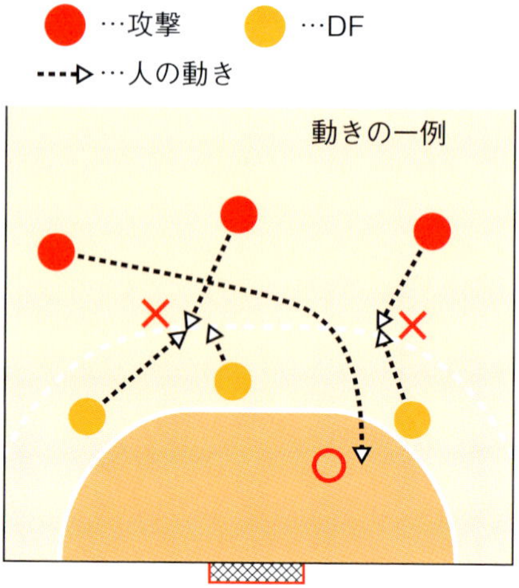

攻撃はゴールエリアに入ること、守備はゴールエリアに相手を入れないことを目標とする。

パラレルの練習

ボールを使って、パラレルに3対3を攻める練習です。横の動きだけでDFをずらす感覚を身につけてください。大事なのは、パスを出す前に必ず前を狙い、DFを引きつけることです。DFが寄ってきたら、走りこんできた味方に素早くパスをします。パスを出すタイミングだけで十分に相手をずらせます。パスを出した後は、DFとずれるようにバックステップで戻ります。2対2などで練習してもいいでしょう。

前を攻めることによってDFを引きつけてからパスを出す感覚を覚える。

コンビネーションの総括

コンビネーションのまとめ

POINT 味方と連動した動きが大切

ボールを持たない選手の動きの質が勝負を分けるポイントになる

コンビネーションの原点は、P.108で紹介している「ボールを持たない3対3」にあります。ここで出てきた発想を、ボールを使って表現してください。

例えば、1人がわざとつかまりにいき、その隙にもう1人がゴールエリアに入る動きは、ハンドボールのブロックと同じ発想です。ハンドボールをまったく知らない子どもでも、こういった発想が出てきます。

ハンドボールのコンビネーションもボールを持たない3対3も、「どうすれば味方がゴールエリアまでいけるか」を考える点においては同じです。コンビネーションというと、「約束どおり動かなきゃ」と思いがちですが、要は点を取れれば構いません。味方をフリーで打たせるためにはどうすればいいのか、フィニッシュの形から逆算していけば、動きの意味も見えてきます。

この章で紹介したプレーを一度やるだけでは、チャンスは作れません。いろいろと組み合わせて、粘り強くしかけていくことも大事です。例えば横ブロックなら、左側にブロックした後、DFの身体に沿ってターンして、次のプレーに備えて右側でブロックするなど、連続した動きが必要です。もちろん、左側に味方がチャンスを作ろうとしているのに、右側にターンしても、意味がありません。味方と連動して、ボールを持つ選手の意図を感じて動きましょう。

ボールを持たない動きは、勝負を分けるポイントになります。教えにくいジャンルですが、一番身につけてもらいたい技術です。約束事という縛りから解放されて、かけ引きの面白さを感じながら動けるようになってください。

味方の意図を感じ取り、互いのよさを生かすのがコンビネーション。

Part 5

Message From DAISUKE

「コミュニケーションの大切さ」

コンビネーションを築き上げるためには、意見交換が必要不可欠。

言い合える雰囲気が大切

ハンドボールでは、コンビネーションがしっかりしていないチームは勝てません。逆に、個々のフェイント力やシュート力が弱くても、コンビネーションのよさで試合をものにするチームはたくさん存在します。

コンビネーションを築き上げるために絶対に必要なことは、チームメイトと積極的にコミュニケーションをとることです。コンビネーションのいいチームには、上下の分け隔てなく、意見を言い合える雰囲気があります。

ただし、意見を言い合うといっても、試合中に修正することは難しいですから、練習の時からコミュニケーションを密にしておくことが大切です。自分の考えを伝えるだけではなく、相手の意見を聞くことを忘れてはいけません。お互いの考えをすりあわせていき、チームとして最善の動きを選択していきましょう。

衝突を恐れて自分の考えを伝えることができず、結果として試合でのミスにつながってしまっては、何の意味もありません。試合でいいパフォーマンスをするために、日々厳しい練習をしているのですから、納得できるコンビネーションを構築できるように、積極的に意見をぶつけ合いましょう。

自分の考えを伝えよう

そうしたコミュニケーションの中から、新しいコンビネーションプレーが生まれてくるかもしれません。僕は中学生の頃、「好きな子にいい所を見せたい」と思って、「自分がシュートを打ちやすいように、ここに立っていて」とチームメイトにお願いしたことがあります（笑）。でも、これって、れっきとしたブロックプレーなんですよね。動機は不純ですが（笑）、これも僕の考えから生まれた、一つのコンビネーションプレーなんですよ。

自分がいいと思ったことは、チームメイトにどんどん話してみてください。そのアイデアが、チームを勝利に導くのかもしれないのですから。

Chapter 6

6章

ディフェンス

DEFENSE

Chapter 6
DEFENSE

Introduction

DFの重要性

勝利のために欠かせないのが安定した守備力。身体を張ったディフェンスで、チームを勝利に導こう！

大事な場面で勝負を分けるDF 守れなければ勝機はない！

最近のハンドボールは、ハイスコアゲームの傾向が強まっています。以前は１試合20点ぐらいのロースコアが主流でしたが、近年は30点以上の試合が増えました。世界では「点が取れなければメダルは獲れない」ともいわれています。

しかし、「守れなければ勝てない」のは、今も昔も変わりません。攻撃重視になったからこそ、ディフェンスがより大事になってきます。

効率よく点を取るには、“守って速攻”が一番です。でも守れなければ、速攻も出せません。ハイスコアだからといって、ディフェンスをおろそかにしないでください。むしろ得点力のあるチームほど、ディフェンスを重視しています。

勝つためには欠かせないディフェンスですが、実際に身体を張って守るのは大変なことです。練習も地味な動きの繰り返しで、面白くないかもしれません。

でも、ディフェンスでは、そのような一つひとつの積み重ねが大切です。地道な練習に耐え、ディフェンスで身体を張ることで、チームメイトからの信頼も得られるようになります。チームに必要な選手になるためにも、ディフェンスの基礎を身につけておきましょう。

1 DFの基本

まずは、相手の動きに対応するための基本的な構えを身につけましょう。正しい構えには意味があるので、何のために構えるのかを理解しておくことが大切です。

またこの項では、DFで必要なステップワークも紹介しています。反復練習で足の運び方を身体に覚えこませてください。

(→114～121ページ)

2 DFの基本動作

ボールを持った相手に対する基本的な守り方（パスカット、ドリブルカット、シュートブロック）を説明しています。

(→122～125ページ)

3 GKの基本

DFの中心でもあり、特殊なポジションでもあるGK（ゴールキーパー）の基本についてまとめています。正確な位置取りから素早く構えて止めるのが、GKの一連の動作です。ここでは、位置取りに重点を置いて解説しました。素晴らしいセービングは、正しい位置取りから生まれます。自分がどこに立っているかを意識しながら、数多くのシュートを受けてください。

(→126～133ページ)

ＤＦの基本姿勢①

POINT 相手の腕に合わせて位置取りする

正面に立たない

DFは、簡単にシュートを打たせないことを第一に考えなければいけませんから、相手の利き腕側から半身をずらした位置に立ちます。真正面に立つと、GKからボールが丸見えになり、相手に簡単にシュートを打たれてしまいます。それでは、DFについている意味がありません。相手の利き腕側に立って、シュートが打たれる危険を少しでも減らしてください。「相手の腕に合わせて立つ」ことがDFの鉄則です。

相手の正面に立っている

手を挙げる

さらにシュートコースを消すために、両手を挙げます。いわゆる“ハンズアップ”です。基本的なことですが、60分間通してやるのは大変です。苦しい時こそハンズアップを忘れないでください。

また、ハンズアップはシュートコースを消すだけでなく、ポストへのパスを通しづらくする効果もあります。DFの手の間から急にパスが出てくるように見えるので、ポストがキャッチしにくくなります。

手がきちんと上まで挙がっていない

腰を落とす

手を挙げて突っ立っていては、フェイントに対応できません。相手にフェイントで抜かれないように、腰を落として構えます。

そして、相手の利き腕と反対側の足を1歩前に出します。一般的に、攻撃は相手の利き腕側（右利きの選手なら右側、DFから見れば左側）に流れます。簡単に抜かれないように、反対側の足を前に出し、相手の利き腕側にすぐに踏み出せる体勢を作っておきましょう。

NG

棒立ちになっている

正しい基本姿勢

このように段階を追って見ていくと、正しい基本姿勢の理由がわかるかと思います。

まず、簡単にシュートを打たれないようにするため、相手の利き腕側に立って、両手を挙げます。

次に、フェイントにも対応するために、腰を落として、相手のいきたがる方向に踏み出しやすい構えを取ります。これで正しい姿勢の完成です。最後までボールを見て、相手のフェイントにも対応しましょう。

OK

正しい姿勢

ＤＦの基本姿勢②

POINT 腰を落とし、ヒザにゆとりを持たせる

肘を軽く曲げて、身体の前で構える。手のひらを相手に向けて、どの方向にも対応できるよう準備する。

相手の腕をはたくと反則を取られてしまうので、ボールに対してチェックしにいく。

顔は上げて、視野を広く保つ。前のめりになると、視野が狭くなるので注意。

両足は肩幅ぐらいに広げ、右利きの選手と対する時は左足を前に出す。左利きの選手に対しては右足を前に。

もう一度、ディフェンスの基本姿勢をまとめておきましょう。

相手に抜かれないように、腰を落とし、ヒザにゆとりを持たせて、フットワークでついていきます。手は前に出して、いつでもボールを奪えるよう、またパス回しにプレッシャーをかけられるよう備えておきます。

相手を止める時は、正面からハードに当たりましょう。激しいチェックを繰り返して、相手にプレッシャーをかけていきます。

また、１人で守ろうとせず、隣のDFやGKとの連携も大切にしましょう。相手をサイド（角度のない方向）へ追いやるのが基本です。

姿勢は正しく、背中を丸めない。あらゆる方向に視野を保つために背筋を伸ばしておく。
ヒザを軽く曲げて、前後左右に動けるように準備する。フットワークで相手についていく意識を大切に。

NG 前かがみは×

前かがみになると、相手に突っこんでいってしまうので、構えとしてはよくありません。視野も狭くなり、戻りも遅くなります。前後左右にスムーズに動ける姿勢が大切です。

Check! 相手との距離感の目安

攻撃だけでなく、守備でも間合いは大事です。目安としては、腕を伸ばした距離が、ディフェンスの間合いになります。それよりも相手が近ければ、いわゆる“懐の中に入った”状態です。自分の懐の中ならば、相手がいろいろとしかけてきても、十分に対応できます。自分の間合いの中に相手をつかまえておきましょう。

DFの基本－3

ステップワーク①

POINT 初めの１歩を素早く出す

ステップワークの重要性

ステップワークは、ハンドボールの基本です。特にディフェンスでは様々なステップを使って、相手の攻撃に対応します。一見、ただ追いかけているだけのように見えますが、いいディフェンスは、しっかりとしたステップワークから成り立っているのです。

ステップワークの練習は単純で、面白くないかもしれません。しかし、身につけたステップワークがあるから、相手を守れるのです。しっかりと身体で覚えておきましょう。無意識で動けるだけの基礎があれば、試合中、相手の動きだけに集中することができます。試合中に「このステップはどうだったっけ？」などと考えている暇はありません。

またステップだけでなく、ダッシュやターンなども含めた「フットワーク」はとても重要です。ハンドボールは、瞬間の速さが命。初めの１歩をいかに素早くするかを意識しましょう。これは守備でも攻撃でも同じです。たえず相手より1歩先をいくプレーを心がけてください。

サイドステップ

移動したい側の足から踏み出し、反対側の足が後から追いかけていきます。両ヒザを軽く内側に絞れば、“すり足”となり、動きやすくなります。

頭と腰がぶれないように、DFの基本姿勢を保ったまま、なめらかに移動していくことを心がけましょう。

移動したい方の足（左足）を横に出す。ハンズアップも忘れずに。

反対側の足（右足）が後から動くが、クロスしない。

こんな時に使おう！

DFで最も使われるステップです。相手の横の動きを追いかけたり、ポジショニングの修正に使います。

DFの基本は、相手の動きから目を離さないことです。サイドステップなら、相手を見ながら動けるので、DFの基本的な動きに適しています。

重心を落として、頭や腰がぶれないように注意する。

すり足で平行移動するようなイメージで動く。

DFの基本－4

ステップワーク②

POINT 状況に合ったステップを選択

クロスステップ

サイドステップとは違い、いきたい方向の反対側から足を出します。前の足と交差（クロス）させるのでクロスステップと呼ばれます。ポイントは、いきたい方向と反対の足から踏み出すこと。いきたい側の足から踏み出すと、時間のロスになってしまいます。

サイドステップでは間に合わない場合はクロスステップで移動。

足を交差（クロス）させることで、距離を稼げる。

バックステップ

後ろに進むためのステップです。ボールから目を離さないように、後ろ向きに動きます。腰を落として、“すり足”で移動すれば、動きも安定します。

慣れない動きだと思いますので、初めはゆっくりめに練習して、動きのコツをつかみましょう。

常に相手の動きを視野に入れながら動く。

バランスを崩さないように、腰を落として、動きを安定させる。

足がクロスした瞬間に攻めこまれると、対応が遅れるので注意。

クロスステップでも、相手の動きから目を離さない。

こんな時に使おう！

サイドステップでは間に合わない時に、クロスステップで移動します。ただし、足をクロスさせた瞬間に攻められると、対応が遅れるので、あまりお勧めはできません。急ぐ時や遠くへ移動する時以外は、極力サイドステップで対応するようにしましょう。

目や腰の位置がぶれないように注意する。

たえずボールから目を離さないようにして動く。

こんな時に使おう！

前に出て相手に当たった後、DFラインに戻る時のステップです。自分が前に出たことで空いてしまったスペースを消すために、バックステップで戻ります。攻撃では、DFとの間合いを取る時に使います。どちらかというと、攻撃で使う機会の方が多いでしょう。

ＤＦの基本動作－１

パスカット・ドリブルカット

POINT 相手にプレッシャーをかける

パスカット

　相手がパスしか選択できない時に、パスカットに飛び出します。具体的には、ドリブルを３歩ついてしまった状態が狙い目です。また、相手のパスのタイミングがいつも同じ場合も、思い切ってパスカットにいきましょう。パスカットを狙うことで、相手のパスのリズムも崩れます。特にトップDFを担当する場合には、両手を伸ばしてジャンプを繰り返し、パス回しにプレッシャーをかけるのも重要な役割です。

相手にプレッシャーをかけることで、パスコースを制限する。相手を手詰まりな状況に追いこむ。

ドリブルカット

　ドリブルしたボールが弾むタイミングを狙います。その瞬間に、ボールと相手の手の間に、自分の手を入れましょう。ボールは黙っていても、自分の手に入ってきます。

　やみくもにカットを狙うと反則（ハッキング）になるので、タイミングを見計らってボールを奪いましょう。マイボールになったら速攻に転じます。また相手ボールを奪いにいくだけでなく、ルーズボールにも積極的に飛びこむ姿勢も大切です。

相手のドリブルを見ながら、カットのタイミングをうかがう。

2

相手のパスを察知したら、パスカットに飛び出す。リスクを防ぐために、根拠を持ってパスカットを。

3

そのまま速攻に持ちこむ。数的優位を作るために、周りがサポートに走ることも必要。

2

ボールが弾んだタイミングが狙い目。ボールと相手の手の間に、自分の手を入れる。

3

あくまでもボールを狙うこと。手を狙うと反則になる。ボールを奪ったら、すぐさま速攻に走る。

シュートブロック

POINT 両手を挙げて後ろに跳ぶ

相手のジャンプシュートに備えて、ヒザにゆとりを持たせる。

両腕を伸ばして、相手の利き腕側をつぶしにかかる。

シュートを打つ瞬間にジャンプ。両腕はまっすぐ伸ばして。

シュートを打たれないことが理想ですが、もしシュートを打たれた場合には、シュートブロックをします。相手がシュートする瞬間に、両手を挙げて、少し後ろに跳びます。

ここで意識してほしいのが、GKとの連携です。例えば左側をDFがつぶしたら、右側をGKが止める、といった役割分担をしましょう。DFが相手の利き腕側をつぶすのが一般的です。互いの信頼関係があれば、チームDFも安定します。

NG 前に跳ばない

前に跳ぶと、相手にぶつかって、反則を取られてしまうので、少し後ろに跳びましょう。ゴールの高さは２ｍしかないので、高く跳ぶ必要はありません。枠外のシュートを防いでも意味がないので、ゴールの大きさを把握して跳びます。

DFの腕（ハンドボールでいう“枝”）でブロックした。

シュートに跳ぶタイミングに合わせて、DFもジャンプする。

少し後ろに跳ぶのがポイント。極端に高く跳ぶ必要はない。

Check! 至近距離はつかまえにいく

DFとしては、シュートを打たれることが一番嫌です。もし相手との距離が近ければ、シュートブロックではなく、相手をつかまえにいきましょう。打たれなければ、絶対に点は入りません。

つかまえる時は正面から入り、しっかりと相手のボールを押さえこみます。横や後ろから腕に絡むと反則になるので、正面からアタックしましょう。ブロックに頼る前に、シュートを打たせないことが肝心です。

GKの基本概念

POINT 強い精神力と切り替えの早さが必要

GKの重要性

GKは孤独なポジションです。技術的にもごまかしが効きません。DFとの連携もありますが、最後に頼れるのは自分しかいません。ですから、強い精神力と切り替えの早さが求められます。素晴らしいGKは精神的にもタフで、ピンチを一瞬にしてチャンスに変えます。

また最近は、クイックスタートや速攻での役割も重要になってきました。素早くボールを出して、攻撃の起点となることも大切です。

DFをまとめる

GKはDFとの連携でシュートを止めていきます。お互いの役割を決めて、どちらがどのコースをつぶすのかをはっきりさせておきましょう。

DFが崩れた場合に修正するのもGKの役目です。DFとのコミュニケーションで、試合中に修正できるのが“いいGK”です。

また、もしDFの調子が悪くても、GKが止めることで失点は防げます。“最後の砦《とりで》”としてチームのピンチを救うのがGKです。

基本姿勢

人によって構えは違いますが、基本姿勢は早く動くための準備を意味します。両足の幅は、肩幅より少し広げます。腹筋に力を入れて構えると、安定した姿勢が保てます。両手を広げて、ハンドボールでいう“面”を大きくしましょう。相手に威圧感を与えることが重要です。

かかとを上げるかどうかは、個人差があります。かかとを上げると、反応が早くなりますが、相手が動く前に動いてしまうリスクもあります。

NG がに股＆腕を下げる

がに股で構えると、前にも横にも動きにくくなります。両足を揃えるか、内股で立った方がいいでしょう。

高めの球を捕りにいく時、一度腕を下げてから反動をつけて捕りにいくのもよくありません。構えた高さから動き出せるように心がけてください。

がに股

腕を下げる

ＧＫの基本動作－１

ロングシュートのキーピング

POINT 二等分線上に立つのが基本

位置取りの基本

　ロングシュートに対する立ち位置は、シューターとゴールの両端を結んだ角の二等分線上です。どちら側でも対応できるよう、真ん中に立つのが基本的な考え方です。GKライン（７mスローの時の目印）を目安にすれば、真ん中がどこかを確認できます。

　ゴールポストの両端からシューターまでゴムひもを引っ張って、角の二等分線を意識する練習も効果があります。“自分が考える真ん中”と“実際の真ん中”とのずれを知ることから、位置取りが変わってきます。

相手が左45度（レフトバック）から打ってくる時の位置取り。

DFとの連携

　どんなにいいDFでも、完璧には止められません。DFの消したコースを100%捨てるのは、リスクが大きすぎます。両45度に対する時は、自分が受け持つコースを7割、DFが消したコースを３割の、７：3の割合でシュートを意識します。センターに対しては、５：5の割合です。DFを信頼しながらも、リスクに備えるのがGKの仕事です。

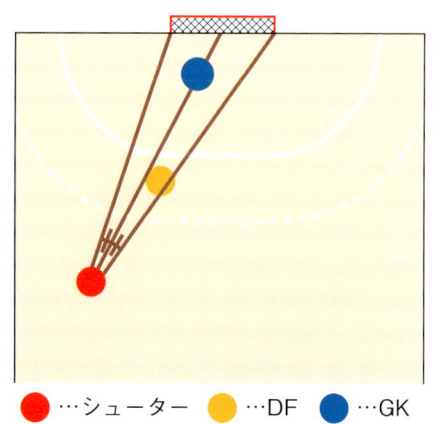

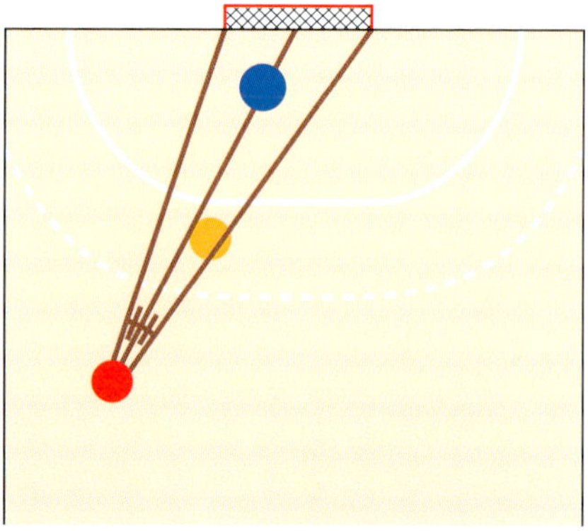

●…シューター　●…DF　●…GK

自分が守る側を７割、DFが受け持つボール側を３割の意識で。

相手がセンターから打ってきた時の位置取り。ほぼ真ん中である。

相手が右45度（ライトバック）から打ってきた時の位置取り。

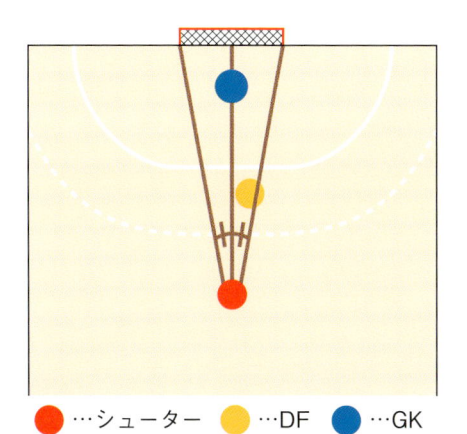

●…シューター　●…DF　●…GK

どちらから打たれても対応できるように、半々の割合でケアする。

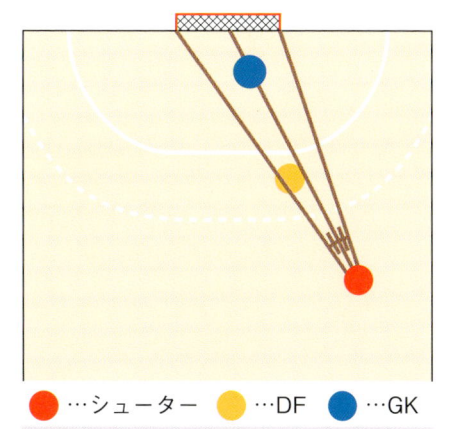

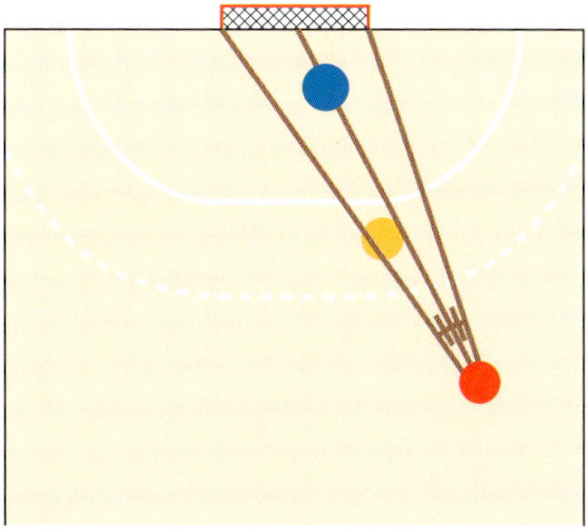

●…シューター　●…DF　●…GK

左利きの相手を想定。意識の割合は、自分の側が7割で、DF側が３割。

GKの基本動作－2

サイドシュートのキーピング

POINT 近めをつぶして、遠めにも対応

立ち位置の基本

サイドシュートの時は、シューターに近い側のポスト寄りで守ります。立ち位置は、ゴールポストからボール１個分離れた所が目安です。ボール１個分なら、身体を寄せれば、すぐに対応できます。“近め（ポスト側）”をつぶして、“遠め（反対側）”にも対応するのがセオリーです。また、やみくもに前に詰めるだけではいけません。ループシュートを打たれても戻ることができる位置を把握しておきましょう。

ゴールポストからボール1個分の位置が基本。

相手の動きを見て、前に詰めていく。

捕る姿勢

近めを止める時は、腰を寄せて、身体で当たりにいきます。身体全体が「く」の字になるような感じです。近めを苦手にするGKは多いですが、怖がらずに、身体を張って止めましょう。近めをあっさり入れられてしまうと、チームの士気にも影響します。また近め遠めに関係なく、積極的に前に詰めることも大事です。相手がシュートコースを変えられないタイミングを見極めて、大胆に前へ詰めていきましょう。

身体を大きく見せて構える。ハンドボールでいう“面”を大きくすることで、シュートコースを消せる。

手足を上げて、シュートコースをつぶす。相手にぶつけてもらうくらいの気持ちで勝負する。

Check! 足の踏み出し方

位置取りで、ボール1個分の距離を保つためには、ゴールポストに近い方の足から踏み出しましょう。反対の足から1歩出ると、自分とゴールポストとの距離感にずれが生じます。近い方なら、ボール1個分のスペースを測りやすくなります。

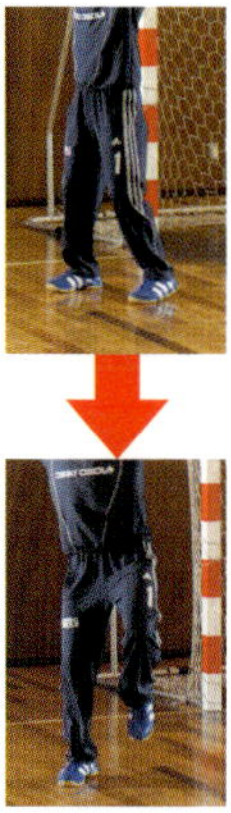

Check! 前に出るタイミングを覚えよう！

サイドシュートの時に前に出るタイミングは、相手がループシュートを打てなくなった瞬間です。

写真のような状態なら、まだシュートを変えることができます。このタイミングで詰めると、ループシュートでかわされてしまいます。

シューターの手首がすでに返った状態なら、ループシュートはありません。ここまで見極められたら、思い切って前に詰めましょう。根拠のある勇気がGKには必要です。

ノーマークのキーピング

POINT 大胆なかけ引きでヒーローに

ノーマークシュートは、8割以上決められてしまいます。ですから、GKは、「決められて当然」と割り切って、大胆なかけ引きをすることができます。「止められなくて当たり前、止めればヒーロー」ですから、楽な気持ちで構いません。

写真のように両手、両足を広げる“大の字”になって止める場合は、苦し紛れにするのではなく、相手が打つタイミングを測った上で、大の字になります。ヤマを張るのではなく、少しでも可能性のあるキーピングを心がけてください。

Check! 流れても前に詰める

ワンマン速攻にきた相手が、ゴール前で横に流れる場合、GKも一緒に横へ流れてはいけません。相手のシュートコースが広くなるからです。相手が流れても、GKは前に詰めます。前に詰めれば、相手から見たゴールも狭くなります。

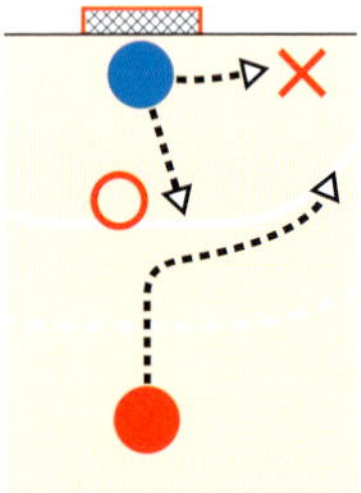

ノーマークシュートは、GKにとっての見せ場の一つ。大胆なかけ引きで思い切った勝負をしよう。

7mスローのキーピング

POINT 強い気持ちで思い切りよく勝負

前に出る

「GKはギリギリまで下がって構える」というイメージを持っている人が多いかもしれませんが、ハンドボールでは、GKが前に出る守り方もあります。特に大きい選手が前に構えると、ゴールが見えにくくなります。ただし前に出る分、ループシュートを狙われやすくなります。

後ろに下がる

下がって構えれば、相手のシュートに反応する時間が稼げます。ループシュートも防げます。しかし、ゴールをカバーする面積が小さくなりますし、反応しても届かない場所も出てきます。状況に応じて、両方の立ち位置を使い分けましょう。

Check! ７mスローを止める心構え

相手シューターに負けない強い気持ちが大切です。「絶対に止める」「私はできる」など、自己暗示をかけるのもいいでしょう。根拠のない自信でも構いません。要は止めればいいのです。集中力を研ぎ澄まして、思い切りよく勝負しましょう。

Part 6

Message From DAISUKE

「嫌なDF、嫌なGK」

日本トップクラスの攻撃力を誇る宮﨑大輔が嫌がるDF＆GKとは……？

こんなDFは嫌だ

僕が得意とする間合いを取らせてくれないDFは嫌ですね。いきなり前に出てきたり、急に下がったり。そういう動きをされると、間合いが取りづらくなるんですよ。その時点でもう「DFの間合い」になっているんです。

間合いを狂わされて、DFに近すぎる間合いになるとつかまってしまうし、逆に遠すぎたら今度はフェイントをかけてもひっかからない。

DFがうまいといわれる選手は、間合いの取り方が絶妙です。逆に、そうやってDFに主導権を握られないように、こっちもフェイントをかけたり動きを観察したり、いろいろなかけ引きを展開しているんですよ。DFと僕、どちらが間合いを制するかの戦いですね。もちろん、僕がDFに入る場合も、相手の間合いを作られないようなポジショニングを意識しています。

こんなGKは嫌だ

シュートを“打つ”のではなく、“打たされる”と感じる時があるんですよね。例えば、振りかぶった瞬間にゴールを見て、GKがゴールの右側に寄って立っているとします。振りかぶってしまっているから、もう左に打つしかないんですよ。それが“打たされている”シュートです。

それはGKのかけ引きでもあるし、先に位置取りをされているということも意味します。だから、位置取りをしっかりできるGKは嫌ですよね。

何度も対戦しているGKとは、高度な読み合いですよ。このかけ引きも面白いもので、いったん相手の読みにはまってしまうと、なかなか抜け出せないんです。一度シュートを止められていて「相手は、さっき止めたコースの逆に打つと思っているはずだから、また同じコース」と思って打ったら、そのコースをしっかり抑えられたり……。逆の場合は、面白いようにシュートが決まるんですけどね（笑）。

基本技術をしっかり身につけたら、DFやGKとの様々なかけ引きも考えてプレーしてみてください。

Chapter 7

7章 スーパーテクニック

SUPER TECHNIC

スーパーテクニック－1

両足ジャンプシュート

POINT 両足で踏み切り、高い打点から狙う

1

勢いよく走りこむ。スピードがあればあるほどパワーも大きくなる。

2

スピードの勢いを殺さないように、右足から重心を下げていく。

3

左足で踏みこむ時には、重心が下がっている状態にしておく。

バレーボールのジャンプからヒントを得たシュートです。両足で踏みこむことで、より大きなパワーを生み出します。まず、勢いよく走りこみます。その勢いを殺さないように、右足から重心を下げていき、次に左足も沈みこみます。その力をためこみ、両手の反動を使って、真上に高くジャンプします。助走が必要なので、DFが下がっていないと打てませんが、高い打点からシュートを狙えるという利点があります。

右足から踏みこむ

助走のスピードが速ければ、それだけ高いジャンプ力が得られます。そのスピードを殺さないために、右足から重心を下げることを意識してください。左足で踏みこむ時には、重心がすでに下がっている状態です。

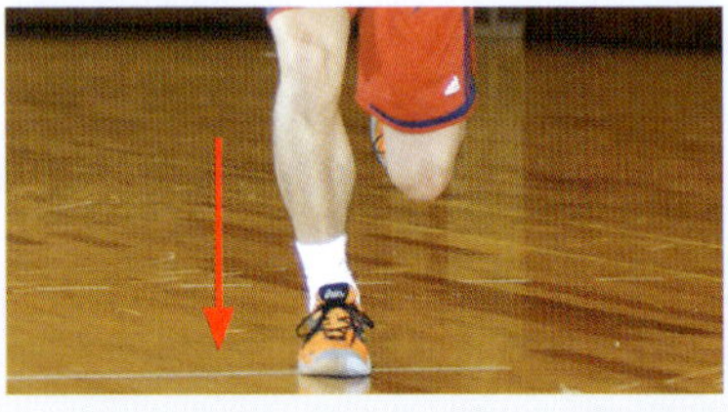

両手と両足の反動を使ってためこんだ力をジャンプ力に変える。

片足よりも高い打点が可能に。DFの上から打つことで得点確率もUP。

思い切りよくシュート。高い打点がシュートの威力を増す。

Check! 両足&両手で大きなパワーを生み出す

通常のジャンプシュートでは、片足と片手を使って跳び上がりますが、両足ジャンプでは、両手、両足を使うことで、より大きなパワーを生み出します。両足の踏みこみで力をため、両手のスイングによる反動でそれを真上に伝えます。身体全体を使ったシュートなので、すべての力が連動するように、何度も練習して、タイミングをつかみましょう。

スーパーテクニック－2

股下シュート

DVD

POINT アンダースローでGKの死角を狙う

ブラインドシュートやフェイントを狙い、その動きを止めにきたDFが踏ん張った股下を狙います。股の間からボールがくるので、GKから見えにくいのが利点。身体の大きなDFに対して有効です。投げ方はアンダースローになります。

アンダースローシュート

サイド気味のブラインドシュートを途中で切り替え、アンダースローで投げます。手首のスナップがポイント。

1

サイドハンドからブラインドシュートを打つような姿勢をDFとGKに見せる。

2

サイドからのシュートをブロックしようとして、DFが足を広げて構えた。

3

サイドハンドから途中でアンダースローに切り替えて、DFが広げた股下を狙う。

4

GKも完全に逆をつかれている。手首のスナップで空いたゴールの左側を正確に射抜く。

パスフェイクシュート

POINT 目線と身体の動きで相手を騙す

パスフェイントとほぼ同じ動きです。目線と身体の動きで、横にパスを出すふりをしてDFを油断させ、パスから素早くシュートモーションに切り替えます。事前に、速いパス回しを続けておくことで、DFやGKがつい横を向いてしまう状況を作っておくことが大切。一瞬の隙を見逃さず、シュートしましょう。

右足の動きに注目！

目線と身体は横に向きながらも、右足は前に出し、シュートモーションに入りやすくしておくことがポイント。右足を軸にした反動でシュートします。

1

横にパスを出すふりをする。事前に速いパス回しをしておくことが大切。

2

目線と身体は横を向いたままだが、右足は正面に向けておき、シュートにいきやすくしておく。

3

目線と身体の動きのフェイントでDFは完全にパスの方向を向いてしまった。シュートのチャンス。

4

準備しておいた右足を軸にした反動で一気にシュートモーションに切り替える。

スーパーテクニック－4

ノールックパス

POINT パスを出す前に必ず位置を確認！

1

動きの中で最後にパスを出したい選手の位置や動きを必ず一度は確認しておく。

2

その後は、パスを出したい選手の方向をいっさい見ないことでDFを油断させる。

最初に、パスを出したい味方の位置を確認しておきます。その後は、パスを出したい味方の方向を見ないことでDFを油断させ、最後もノールックの状態のまま、パスを通します。パスを出す側は、受け手がどういう動きをするか理解していなければなりません。また、受け手も、ノールックの状態でもパスがくると感じていなければ成立しないパスです。練習で信頼関係をしっかりと築いておくことが必要不可欠です。

DFを十分に引きつける

味方の位置を確認した後は、その方向をまったく見ないこと。フェイントも逆方向にかけるなどして、DFを十分に引きつけてからパスを落とします。

最後はノールックのパスになるので、失敗するリスクもありますが、ノーマークを作り出す有効なパスです。コンビネーションを高めれば、リスクは軽減されます。練習を重ねて、“必殺”のパスにしましょう！

パスを出す前も、パスを出す方向とはまったく違う方向を向いておく。

ノールックでパスを出すが、事前の確認と練習によるコンビネーションの確立によって、リスクは大幅に減少する。

Check! 味方の位置を事前に把握しておく

「ノールックパス」というと、まったく味方を見ないで投げるパスと思われがちですが、それは違います。確かに、最後の瞬間は味方の方向を見ないでパスを投げますが、その前の流れのどこかで、必ず一度は味方の位置を確認しているのです。ノールックパスは、決して“イチかバチか”のパスではありません。リスクを抑えた上での攻撃的なパスなのです。

スーパーテクニック－5

レッグスルーのフェイント

POINT 踏み出した足の間を通して切り返し

事前に素早いパス回しを重ねておき、“伏線”を張っておく。

ラテラルパスを出すふりをして、正面のDFにパスの方向を向かせる。

右足を前に踏み出しておくことがポイント。次の動作がスムーズに。

ラテラルパスのパスフェイントで、正面のDFをしっかり動かします。そして、前に出した右足の間にボールをバウンドさせて、左に素早く切り返し、DFを振り切ります。

ポイントは、右足の踏み出しです。右足の股の間にボールを通すことで、次に左へ動く動作がスムーズになります。このフェイントも、事前に何度もラテラルパスを見せておくことが重要です。DFが思わずパスの方向を向いてしまうように、速いパス回しをして“伏線”を張っておきましょう。股の間にボールを通すテクニックは、ハンドボールではほとんど使わないので、最初は難しいと思いますが、がんばって練習してください。

右足を踏み出しておく

ラテラルパスのフェイントをかける際に、右足を前に踏み出しておくことがポイント。この間にボールを通すことで、左への移動が簡単になります。

4

ボールを股の間に通す。自分の足に当ててしまわないように注意。

5

股下を通すことで、左への方向転換が素早く行える。

6

DFが体勢を立て直す前に、一気にスペースに攻めこむ。

Check! 股の間にボールを通す

このフェイントで特徴的なのは、ボールを股の間に通す動きです。バスケットボールではポピュラーな技術ですが、ハンドボールでは使う選手はほとんどいません。このように通常にはない動きが、有効なフェイントになることがあります。既成概念にとらわれず、いろいろな技術に挑戦することが、プレーの幅を広げることにつながるのです。

Part 7

Message From DAISUKE

「新しい技術を覚えるヒント」

意思を持って行動すれば、うまくなるためのヒントが見つかるはず。

日常に落ちているヒント

ハンドボールの技術を伸ばすヒントは、練習だけでなく、日常にも落ちていたりするんですよ。人混みを歩いていると、すれ違うときにうまく避ける人と、ぶつかってしまう人がいますよね。うまく避けている人は、無意識なのかもしれませんが、間合いがしっかり取れているんです。そのタイミングが、ハンドボールのフェイントで生かされるかもしれません。

もっと多くのヒントを得たいなら、他の競技を観にいくことをお勧めします。「両足ジャンプシュート」は、バレーボールの試合を観にいった時に、思いついたんです。「どうして、あんなに高く跳べるのかな」と思って観察していたら、バレーボールの選手は両足で踏み切っていることに気づいたんです。そのヒントをもとに、両足ジャンプシュートが生まれたんです。

僕は、バレーボール以外の他の競技も、積極的に観にいくようにしています。同じスポーツですから、ハンドボールに取り入れられる技術は、まだまだたくさんあると思うんですよ。

意思があるから行動する

「うまくなりたい」とか「何かをつかみたい」という意思が大事なんだと思うんです。そういう意思がなければ、他の競技を観にいくという行動にはつながりませんからね。

もちろん、同じハンドボール選手から学ぶチャンスもたくさんあります。「レッグスルーのフェイント」も、スペイン留学時代に、スペイン人選手に頼んで教えてもらったフェイントです。そこにも意思が存在するんですよね。ただ見ているだけじゃ、習得できなかったかもしれない。「あのフェイントを覚えたい！」と思って、直接聞きにいったからこそ、自分の技術にすることができたんです。

「もっとうまくなりたい」「新しい技術を覚えたい」という意思があるならば、そのヒントを探しに積極的に行動してみてください。

Chapter 8

8章 トレーニング＆メンテナンス

TRAINING & MAINTENANCE

Chapter 8

Introduction

トレーニング＆メンテナンスの重要性

強い身体がすべての基本。ハンドボールを楽しむためにも、ふだんから自分の身体に気を配る習慣を大切に。

トレーニングもメンテナンスもケガをしない身体作りのため

「筋力トレーニング」というと、みなさんはどんなことを考えますか？おそらく多くの人が、パフォーマンスレベルが上がることを期待すると思います。そして具体的に「もっと高く跳べるようになるには？」「シュートを速くしたい」といった、プレーの質を上げるためのトレーニング方法を知りたいことと思います。

確かに、筋力トレーニングでプレーが改善されることもあります。でも、筋力トレーニングの一番の目的は「ケガをしない身体を作る」ことです。筋力トレーニングでケガを予防するという意識が大切です。

例えば、ハンドボールでよく起こるケガとして、前十字じん帯の損傷がありますが、ほとんどの場合、筋力不足が原因です。足に筋肉をつけていれば、ある程度は防げるのです。

だから、ケガの予防という意味でも、年間を通して筋力トレーニングを取り入れてほしいのです。体力作りの時期だけでなく、試合が行われる時期にも続けてください。歯を磨くような感覚で、年間を通して続けることに意味があります。

ケガを予防するという意味では、ストレッチやメンテナンスも重要です。練習や試合をたくさんできる身体があれば、ハンドボールも上達します。逆にどんなにセンスがよくても、ケガばかりしていると、うまくはなれません。本気でハンドボールがうまくなりたいのなら、ケガをしない身体作りから始めてください。

1 ストレッチ

アップやダウンで行うストレッチを紹介しています。特に股関節の柔軟性を高める「アウフバウ」は、近年、多くの競技で注目されています。股関節を柔らかくして、下半身の力をうまく使えるようになりましょう。
(→148〜151ページ)

2 トレーニング

本格的なウエイト・トレーニングは、ある程度成長が止まってから始めてください。個人差もありますが、高校2年生の終わりぐらいから始めるのが目安になります。それまでは、自分の体重を負荷にしたトレーニングで十分です。ここでは重い器具を使わないトレーニングを中心に紹介しています。
(→152〜159ページ)

3 メンテナンス

身体のケアについてまとめました。身体の疲れをとることも、うまくなる上での大切な要素です。
(→160〜161ページ)

ストレッチー1

静的ストレッチ

POINT 反動をつけず、ゆっくり筋肉を伸ばす

静的ストレッチとは？

一般的にストレッチといわれているのが静的（スタティック）ストレッチです。動きを利用する動的（ダイナミック）ストレッチよりも安全で、1人でも簡単にできます。静的ストレッチは、反動をつけずに筋肉を伸ばすことで、関節の可動域を広げます。心身をリラックスさせる効果もあるので、特にクールダウンに適しています。自分の身体をいたわるためにも、試合前後のストレッチを習慣づけておきましょう。

そけい部（腿のつけ根）のストレッチ。両ヒザを軽く上下させてもよい。

ヒザを抱えて、アキレス腱（写真では右）を伸ばすストレッチ。

腰と臀部のストレッチ。写真では右の腰と臀部を伸ばしている。

大腿部の裏側と腰のストレッチ。上体を前に傾けながら、写真では右腿の裏と左の腰を伸ばしている。

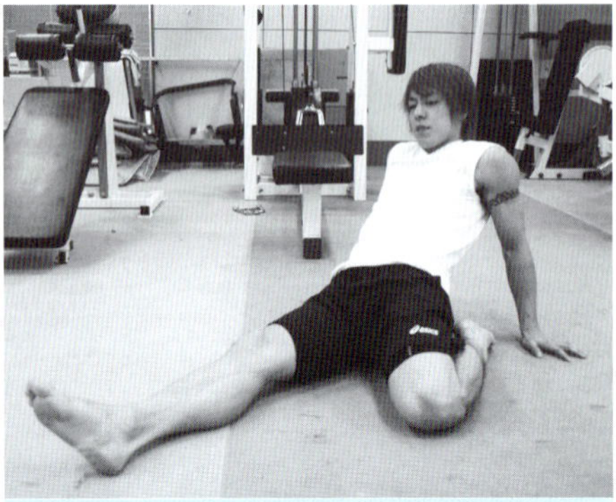

大腿四頭筋のストレッチ。無理に上体を床に着けなくてもいい。太腿の表側を伸ばすことが目的。

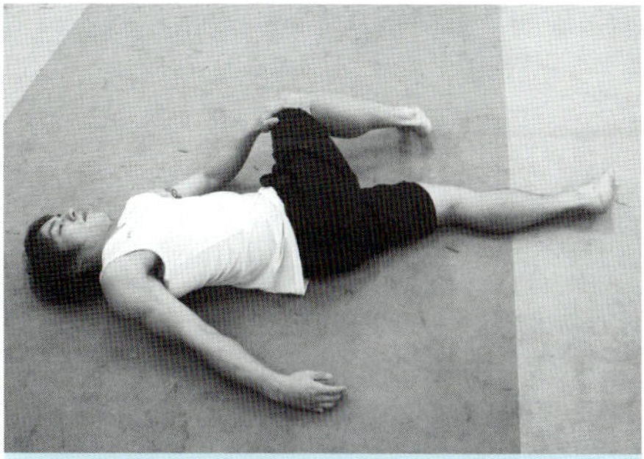

腰のストレッチ。写真では左手で右ヒザを押さえて、上体を右にひねっている。

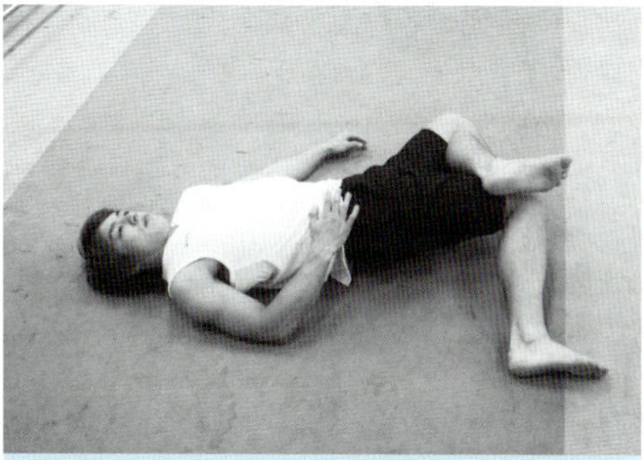

腰と臀部のストレッチ。写真では左足で右ヒザを押さえて、主に右の腰を伸ばしている。

大腿四頭筋のストレッチ。猫背にならないよう、胸を張ること。

背中のストレッチ。四股を踏むようにして肩を入れ、背中をひねる。

背中から腰、腿裏までを伸ばすストレッチ。

Check! ストレッチで気をつけること

反動を使わず、ゆっくりと筋肉を伸ばしていきます。無理に伸ばすのではなく、「少し痛いけど気持ちいい」ぐらいで、その状態を20～30秒程度保ちます。自分がどの筋肉を伸ばしているのかを意識しながら、筋肉に話しかけるような気持ちで行うといいでしょう。

息を止めると、余分な力が入ってしまい、筋肉が収縮してしまいます。口から細長い糸を吐き出すようなイメージで、ゆっくりと息を吐きながら、リラックスして筋肉を伸ばしてください。

ストレッチー2

動的ストレッチ

POINT 筋肉の温度を上げて柔軟性を高める

動的ストレッチとは？

動きをつけて、負荷をかけたりしながら行うストレッチのことです。筋肉の温度を上げて、柔軟性も高めることで、パフォーマンスレベルが向上します。もちろんケガの予防にも効果があります。

アウフバウ

アウフバウとは、ドイツのリハビリの手法で、今は多くのスポーツ競技で取り入れられています。簡単にいうと、股関節の柔軟性を高める動的ストレッチです。

写真のような動きをそれぞれ10回ずつ行うのですが、必ず一連の動きでやりましょう。例えば、右足の先をまっすぐな状態で10回上げたなら、次も右足のつま先を内側に向けて10回。さらに右足のつま先を外に向けて10回やるのです。ここまでを一連の流れで全部行ってから、左足も同じ流れで行います。

「右をやったら、次は左」というように交互にやるよりは、一連の動きを片方の足で続けた方が、より効果が得られます。

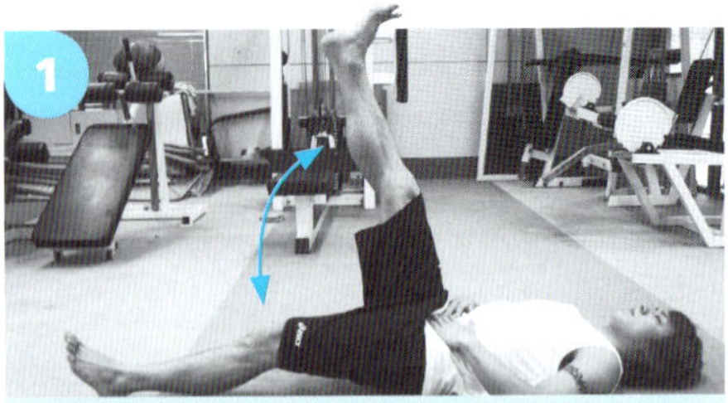

足首を90度に保ち、足を上下させる。同様に、足首を内側に入れたり、外にひねった状態でも上下させる。

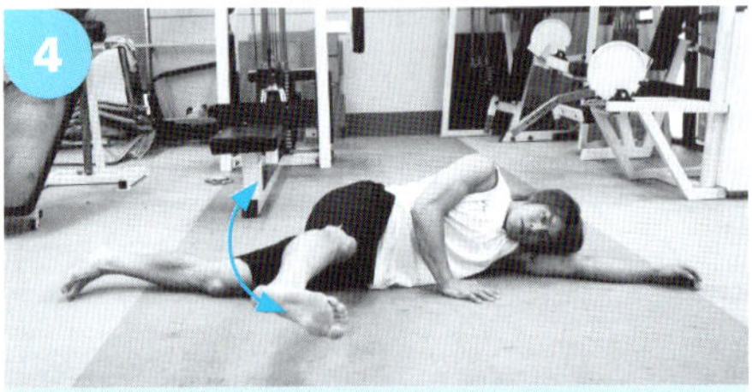

今度は、上の足を前後に大きくスイングさせる。蹴り上げるようなイメージで足を振る。

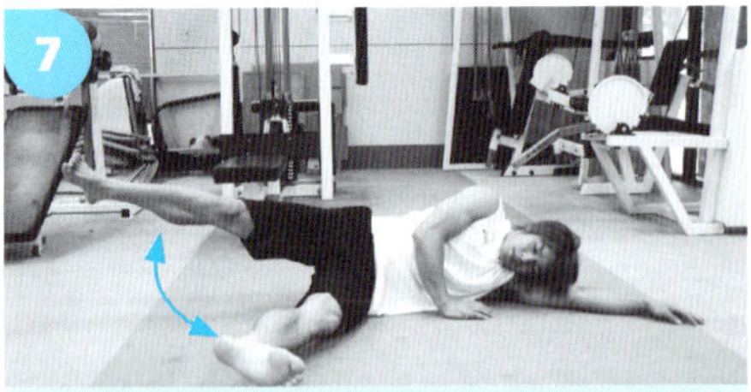

上の足を固定して、下の足を自分の前後に大きくスイングさせる。

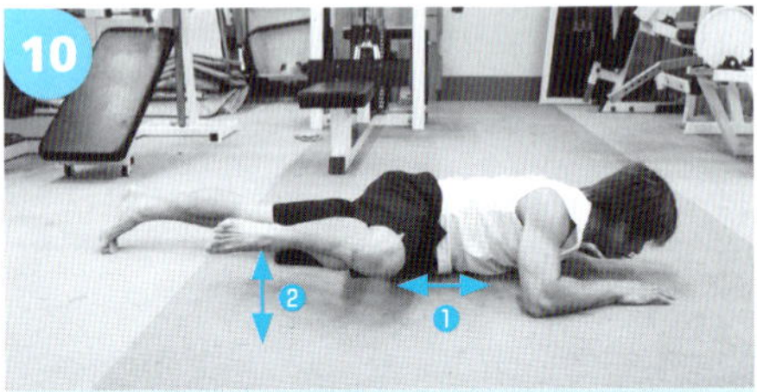

曲げたヒザを自分の身体に近づけて、元に戻す（①）。次にヒザを曲げた状態のまま、足を上下させる（②）。

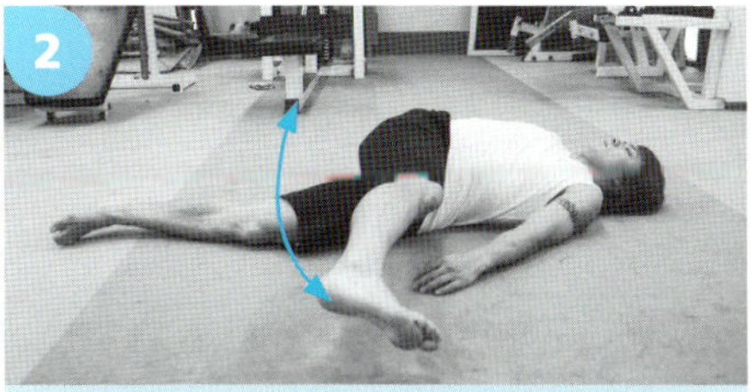

仰向けのままで上体をひねり、上の足を180度スイングさせる。上の足は床に着くくらいの高さを保つ。

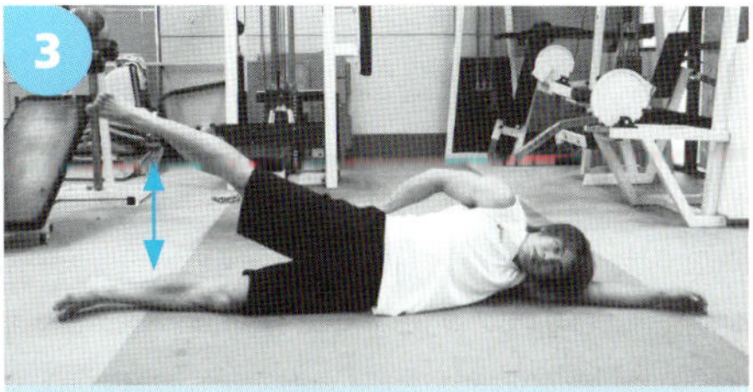

横向きに寝て、下の足を固定させて、上の足を上下に動かす。

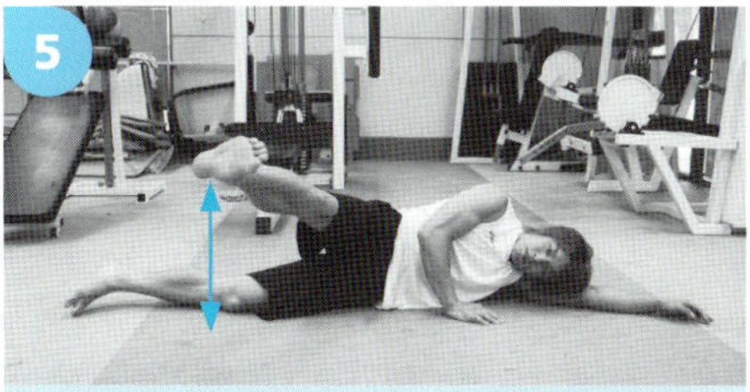

上の足を自分の前方に出し、前に出した状態のままで、上下に動かす。

上の足を固定して、下の足を上にくっつけるように持ち上げて、また元に戻す。

上の足は固定して、下の足を自分の前方に出す。前に出した下の足を上下に動かす。

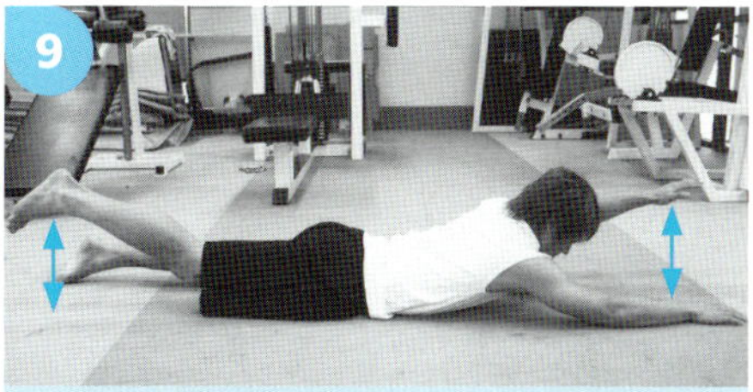

うつぶせになり、左手と右足を同時に上げ下げする。同様に、右手と左足を同時に上げ下げする。

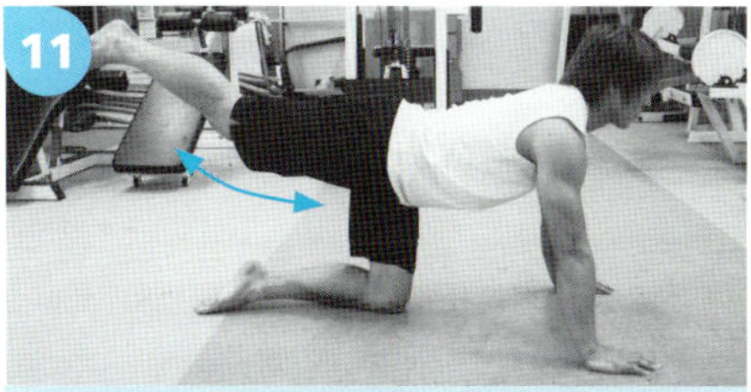

片方の足を後ろに蹴り上げるように動かす。お尻ごと持ち上げていくような意識で。

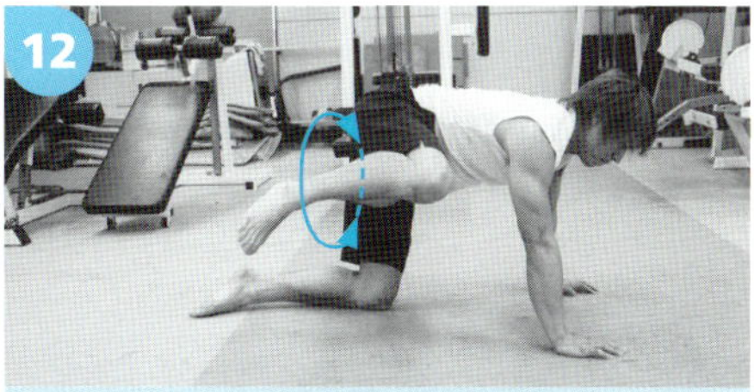

片足を上げて、股関節を中心に回転させる。時計回りに回転させたら、同様に反時計回りにも回す。

トレーニング－1

肩のトレーニング

POINT インナーマッスルを鍛えよう！

肩を鍛える重要性

肩の表面の大きな筋肉だけを鍛えていても、肩は強くなりません。その内側にある細い筋肉（インナーマッスル）も鍛える必要があります。インナーマッスルは肩と腕とをつなぐ筋肉で、関節を安定させる役目をしています。

また、インナーマッスルはひねりの動作にも関わってきます。投げる動きはひねりの動作ですから、インナーマッスルを鍛えることで、投球フォームも安定してきます。

両腕を横に伸ばし、肩のつけ根から回していく動的ストレッチ。肩の内側を意識して回す。

肩のストレッチ

肩のストレッチはアップに最適です。肩を内側から温めるような意識で、腕を動かします。キャッチボールの前に行ってください。

肩のインナーマッスルを鍛えるには、あまり負荷をかけない方がいいでしょう。負荷をかけても、大きい筋肉を使うだけです。ペットボトルぐらいの負荷（約500ｇ）かゴムひも程度で十分です。肩の内側に効いていると実感できるよう、ゆっくり腕を動かすのがポイントです。

肩と背中の上の部分を伸ばす静的ストレッチ。

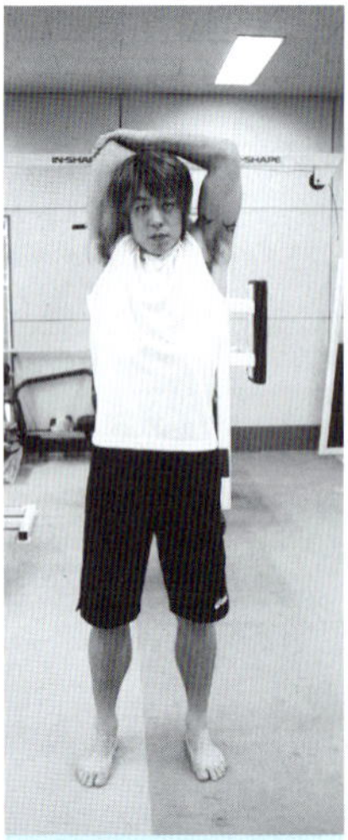

上腕三頭筋と肩の静的ストレッチ。

ペットボトルを使用

ペットボトルを使って肩のインナーマッスルを鍛えるトレーニングです。ペットボトルを持って横になり、ゆっくり上下に動かします。肘をしっかり固め、肩のインナーマッスルだけで動かすことがポイント。胸の筋肉など他の筋肉を使ってはいけません。重りが重すぎると他の筋肉を使ってしまうので、ペットボトルぐらいの重さがちょうどいいでしょう。アウト（外側）とイン（内側）両方をバランスよく鍛えましょう。

肘から先でペットボトルを上下させる。写真①では内側、写真②では外側を鍛えている。

肩甲骨のトレーニング

肩甲骨を内側に寄せる（専門的には「内転させる」といいます）動きを覚えておけば、フォームも安定し、肩痛も防げます。腕だけで投げるのではなく、肩甲骨全体を使って投げる意識が大切です。

肩甲骨周辺を鍛えるメニューにはダンベルローイングがあります。ダンベルを片手で持って、胸を張りながら、腕をそのまま後ろに引いていきます。正しいフォームを維持できる重さで行いましょう。

地面に対して平行になるよう、胸を張る。

肩甲骨を締める感覚で、ダンベルを引き寄せる。

トレーニングー2

体幹のトレーニング

POINT 体幹を鍛えて安定した身体を作る

体幹の重要性

体幹とは上半身と下半身をつなぐ筋肉のこと。場所でいうと、主に腹筋と腰背筋です。せっかく身体を鍛えても、つなぎ目である体幹が弱ければ、下半身と上半身の力が一つになりません。動きも安定せず、いわゆる“ボディバランスが悪い”状態になってしまいます。

特にハンドボールでは、空中でも軸のぶれない身体が求められます。安定したシュートフォームを作るためにも、体幹を強化しましょう。

腹筋のトレーニング

体幹の強化に器具はいりません。自分の体重だけで、いつでもトレーニングができます。

写真①の体勢を1分間保ち、20秒ほど休んだら、また1分間、というように繰り返します。筋力がついてきたら、片方の腕や足を上げてもいいでしょう（写真②）。

腹斜筋を鍛えるのなら、横向きで行う方法（写真③）もあります。左右両方で、それぞれ同じ姿勢を1分間保ってください。

つま先と肘から先で自分の体重を支える。アゴを引いて、お尻を浮かせないように注意する。

片腕や片足を上げて行うと、より負荷が強くなる。筋力がついてきたらトライしてみよう。

身体を横にすると、腹斜筋の強化になる。左右両方ともバランスよく鍛えるのが大事。

トレーニングー３

ハムストリングスのトレーニング

POINT 高く跳ぶために必要な筋肉を強化

ハムストリングスの重要性

ハムストリングスとは、太腿の裏側の筋肉のことです。いわゆる腿裏の筋肉は、ハンドボールに欠かせません。足を下ろして床を蹴る時、腿裏の筋肉が収縮し、力が生まれます。よって速く走ったり、高く跳ぶためには、腿裏の筋肉が必要になります。

また、太腿の表と裏のバランスが悪いと、肉離れの原因にもなります。ハンドボーラーとして最高のパフォーマンスを発揮するためにも、腿裏を鍛えましょう。

バーベルを持ったまま前屈し、足を伸ばしたまま上体を起こす。30kg以下でも十分効果がある。

トレーニング方法

バーベルを持って、台の上で前屈します。腿裏の筋肉が伸びた状態で耐えてから、ゆっくりと上体を起こし、身体を起こしたら、また前屈します。これを10回繰り返しましょう。簡単そうに見えますが、本気でやれば、2～3日は歩くのが辛くなるくらいハードな練習です。つま先を上げ、膝を伸ばしたまま坂道を登るのも、腿裏のトレーニングになります。器具がいらないので簡単に行え、ふくらはぎの強化にもなります。

つま先を上げて膝を伸ばし、かかとだけで坂道を登る。腿裏やふくらはぎを鍛えられる。

トレーニング－4

大胸筋のトレーニング

POINT 身体接触に負けない身体を目指す

大胸筋の重要性

ハンドボールはコンタクトスポーツです。身体接触で負けないためにも、自分の身体を“筋肉の鎧”でカバーする必要があります。特に重要なのが大胸筋です。ハンドボールは胸で相手とコンタクトしますから、大胸筋を鍛えておけば、接触でのダメージを減らせます。試合の後半でプレーの質を保つためにも、大胸筋の強化が必要になるのです。

当たり負けない身体はハンドボーラーの財産です。

腕立て伏せ

大胸筋を鍛えるにはベンチプレスが一番ですが、腕立て伏せでも同じ効果が期待できます。

腕立て伏せは両手のスタンスを変えることで、負荷のかかる場所も変わってきます。両手の幅を広げると大胸筋への負荷が高まります。逆に幅を狭くして、ヒジを身体に近づけると、上腕三頭筋に効いてきます。上腕三頭筋は、速いボールを投げるために必要です。大胸筋とともに鍛えておきたい筋肉です。

腕立て伏せはベンチプレスと同じ効果がある。写真は標準的な両手のスタンス。

両手の間を広げた状態で腕立て伏せをすると、大胸筋への負荷が高まる。

両手を狭めて、両肘を身体に近づけると、上腕三頭筋への負荷が強くなる。

トレーニングー5

スピード系のトレーニング

POINT 筋力を素早い動きに変える

パワー＝力×スピード

みなさんは、力が強い人のことを「パワーがある」といっていると思います。しかし、それは単なる“力持ち”であって、本当の“パワー”ではありません。

パワーの定義は「力×スピード」。どんなに力持ちでも、素早く動けなければ、「パワーがある」とはいえません。ハンドボールに必要なのはパワーです。力だけではありません。筋力だけでなく、スピードにもこだわってください。

1 メディシンボールでチェストパスを繰り返す。

2 大胸筋の筋力を、実戦での素早い動きに変える。

メディシンボールを使用

筋力トレーニングの翌日は、メディシンボールを使ってスピード系のトレーニングを行います。身につけた筋力を実際の素早い動きに変えるためです。例えば腕立て伏せやベンチプレスで大胸筋を鍛えたら、翌日にはメディシンボールでチェストパスを繰り返します。上腕三頭筋を鍛えたら、頭の上からのスローイングをします。広背筋を鍛えたら、ハンマー投げのように身体をひねって、メディシンボールを投げます。

1 相手に背中を向け、上体をひねる。

2 広背筋を使って、メディシンボールを放り投げる。

トレーニングー6

有酸素＆無酸素トレーニング

POINT 乳酸に強い身体を手に入れよう！

有酸素と無酸素の違い

マラソンのように、動きながら息をするのが有酸素運動です。有酸素運動では、空気中からどれだけ効率よく酸素を取りこめるかが勝負になります。こういった有酸素の持久力が、みなさんの考えている「スタミナ」ではないでしょうか。

しかし、ハンドボールは無酸素運動の連続です。ダッシュする時も、相手と当たる時も呼吸をしません。無酸素で動き続けると、血液中に疲れの原因となる乳酸がたまります。乳酸がたまると、「呼吸は楽なのに、身体が動かない」という状態になります。持久走を繰り返してスタミナをつけたはずなのに、身体がいうことを聞かなくなるのです。

それは“有酸素の持久性”とは別に“無酸素の持久性”があるからです。簡単にいうと、「乳酸がたまっても動ける身体を作る」ということです。特にハンドボールでは、この“無酸素の持久性”が重要です。

無酸素の持久性を高めるには短距離ダッシュが適しています。ダッシュで瞬発力を養うとともに、乳酸に強い身体を作ってください。

ハンドボールは無酸素運動の連続。乳酸がたまりにくく、また乳酸がたまっても動ける身体が理想的。

短距離ダッシュを繰り返すことで、乳酸がたまっても動ける身体になる。

3歩ダッシュ

ハンドボールは1歩の速さが命です。初めの1歩が速ければ、攻撃で相手を抜けますし、守っていても相手に追いつけます。

一瞬の速さを鍛えるには「3歩ダッシュ」がお勧め。瞬時にトップスピードに乗れるよう、1歩目から全力で走ります。

前傾姿勢を保ち、1歩目に備える。ハンドボールで勝負を分けるのは1歩目の速さ。素早く、大きな1歩で、相手を置き去りにする。

3歩目まで気を抜かずに全力で走る。瞬間でトップスピードに乗る感覚を身体に落としこむことが大切。3歩ダッシュを繰り返すことで、瞬発力と試合終盤でバテないスタミナが得られる。

身体のケア

POINT 身体のケアを習慣づけよう！

アップの重要性

ウォーミングアップの目的は、柔軟性を高め、心拍数を上げ、筋肉の温度を上げることです。ここで見落としがちなのが、心拍数を上げること。一度、試合と同じ状態まで心拍数を上げておくことで、スムーズに試合に入っていけます。前の試合のハーフタイムにシュート練習をすることは多いですが、その後何もしないでいると、筋肉の温度が下がってしまいます。試合直前まで、こまめに身体を動かしておきましょう。

試合前に心拍数を上げておけば、すんなりとゲームに入っていける。

クールダウンの重要性

疲れの原因となる乳酸を取り除くために、クールダウンは欠かせません。まず、身体全体をリラックスさせるために、靴を脱いで５分ほどジョギングします。靴を履くことで、足はかなり締めつけられています。足元からリラックスさせる意味でも、また足の裏の温度を下げるためにも、靴を脱いで行う方法がお勧めです。その後は静的ストレッチで血液の流れをよくして、血液中の乳酸を追い出します。

靴を脱いで、心身をリラックスさせた状態でクールダウンをする。

アイシング

アイシングはケガの予防や疲労回復に効果があります。一度冷やして血管を収縮させ、その後に温め直すと、血流がよくなります。そのためアイシングをした後に静的ストレッチを行うと、より効果が上がります。アイシングは30分冷やしたら、必ず20分ぐらい間隔をあけるようにしてください。冷やしっぱなしはよくありません。特にアイスパックを使うと凍傷になりやすいので、なるべく氷を使いましょう。

氷のうを使ったアイシングだけでなく、氷水を張ったバケツに足を入れたりしてもいい。

メンテナンスの重要性

身体のケアを意識することは、感覚を研ぎ澄ますことにもつながります。自分の中のちょっとした違いに気づくようになれば、プレーの中での微調整もできるようなります。ハンドボールに限らず、トップアスリートは誰もが、自分の身体に対する感覚が優れています。同時に自分をベストの状態に持っていく方法も知っています。最高のパフォーマンスを発揮するために、まず身体のケアを習慣づけてください。

たえず自分の身体に問いかける意識でメンテナンスをすれば、感覚も自然と研ぎ澄まされてくる。

Message From DAISUKE Part 8

「宮﨑大輔流トレーニング」

子どもの頃に取り組んでいた宮﨑大輔流トレーニングとは？

3歩ダッシュを重視

「どうしたら高く跳べるようになりますか？」と、よく質問されるんですが、ジャンプ力をつけるために特別なトレーニングはしていません。

ただ、子どもの頃から、とにかく走る練習をしていたのがよかったのかもしれません。住んでいる所が田舎だったので、山登りをしたりして、足腰が自然と鍛えられていたのかな（笑）。中学生の頃は、ジャンプが高いとはいわれていなかったのですが、高校生になったら、いつの間にか高く跳べるようになっていました。

今でも走る練習は、僕の基本になっています。特に今回紹介した「3歩ダッシュ」は大事ですね。ハンドボールは3歩しか歩けませんから、3歩のうちにトップスピードにならないといけません。「3歩ダッシュ」は瞬発力をつけるのに最適なんです。

もちろん長い距離を走ることも必要ですが、僕は瞬発力を生かしたプレーが武器の選手ですから、こうしたトレーニングを大切にしています。

走り方で、自分の調子がわかることもあります。例えば、「腹筋が弱くなっているな」とか、バランスが悪いところに気がつくんです。みなさんも、走る時には、身体のいろいろな部分に意識を向けてみてください。

まさに“ボールは友だち”

子どもの頃は、ボールに慣れる練習もやっていましたね。練習というか、家に帰って部屋の中でも暇さえあればボールを触っていました。まさに“ボールは友だち”という感じでしたね（笑）。いつも触っているから、ボールの大きさや握りの感覚が、自然と自分の感覚になっていったんだと思います。ボールと一緒にいる時間は、本当に長かったと思いますよ。

股の間にボールを通したり、指でボールを回したりとか、バスケットボールでやるようなプレーもやっていました。そういう遊びに近いボールハンドリングも、試合で使うパスやフェイント技術に生かされていると思います。

Chapter 9

9章 勝利のための+α

ADVICE FOR VICTORY

勝利のための+α ①

勝利へのアドバイス～練習編～

POINT 目的意識を持って練習しよう！

この章では、ハンドボールをプレーする上で起こりうる様々な状況を想定し、その対処方法をQ＆A方式でまとめました。「絶対」といえる答えはないかもしれません。しかし、プロ選手として幾多の試練を乗り越えてきた宮﨑選手が、その経験を踏まえて送るアドバイスは、きっとあなたにとって勝利につながる“ヒント”になるはず。まずは、練習編です。

Q トレーニングでつい妥協をしてしまいます。

A 一番の解決方法は、自分が何をしたいか、目標を明確にすることだと思います。試合に勝ちたいとか、全日本に入りたいとか、いろいろな目標があると思いますが、それがはっきりすると、今何をすべきか、見えてくるのではないでしょうか。トレーニングをする前に、目的を考えておくことが大事です。

一ついえるのは、つらいトレーニングをがんばったことが、後で必ず生きてくるということです。一度でも効果を実感できれば、自然と自分に厳しくなれると思います。

目標を明確にしてトレーニングしよう。

Q ビデオで自分や他の選手のプレーを研究する時のポイントを教えてください。

A 対戦チームのビデオを見る時は、ボールを持っていない選手の動きに注目しますね。フォーメーションプレーに入るタイミングをつかんでおくためです。

また、自分の技術を伸ばすヒントを得るために、海外の選手のプレーを、ビデオでよく研究しています。動きが速いので、スローで何度も確認していますね。ある時、スペイン人選手のフェイントをスローで見ていたら、相手を抜く瞬間に、腹筋に力を入れているのがわかったことがあります。普通に見ていると、ただ飛びこんでいるだけなんですけど、スローだとそういう細かい部分が見えてきます。目の動きだったり、ボールを離す瞬間の手だったり、細かい“際（きわ）”の部分は、とても勉強になりますね。

自分のプレーのビデオは、いい時のものしか見ませんね。悪い時のプレーは１回確認するだけで、繰り返しは見ません。悪いイメージが頭に残ってしまうのが嫌ですからね。調子が悪い時は、自分のプレーを思い出すために、よかった時のビデオを見るようにしています。

Q いろいろなポジションを練習した方がいいと思いますか？

A とてもいいことだと思います。もちろん、一つのポジションを極めることは大切ですが、試合では流れの中で、通常のポジションとは違う場所でプレーしなければいけないことがたくさんあります。

例えば、コンビネーションプレーでは、センターがサイドとクロスして、サイドからシュートを打つことがあります。逆に、サイドが45度の位置に上がってロングシュートを狙うパターンもあります。

複数のポジションを経験しておけば、それだけシュートのパターンも増えますし、様々な場面に対応できます。僕も練習や試合前のアップでは、必ずサイドシュートを打つようにしていますね。

Q DFやステップワークの練習が地味で好きになれません。

A 好きになれなくても、試合で勝つためには、絶対にやらないといけません。それは、試合をすれば必ず実感すると思います。

例えば１対１を例にあげると、ステップワークがしっかりしていなければ、速い選手には絶対追いつけません。それでは勝てませんよね。逆に苦しいステップワークの練習をこなしておけば、試合では簡単に相手に追いつけるから、楽なんです。どんな練習でもそうですが、苦しい思いをしないと、その先に楽はないんだと思います。

ステップワークがなければ試合には勝てない。

勝利のための+α ②

勝利へのアドバイス～試合編①～

POINT 準備を万端にして試合に臨もう！

続いては試合編です。まずは、試合前～試合開始直後の場面を取り上げています。ハンドボールに限らず、スポーツでは試合が始まってから、どれだけ早く自分たちのペースにもっていけるかが、一つのポイントになります。立ち上がりは、多くの選手の身体に硬さが見られる時間帯。ここをうまく乗り切れば、勝利への道が開けます。

Q 試合前はどうやってモチベーションを高めていますか？

A 試合前日は興奮しすぎると眠れなくなってしまうので、あまり試合のことは考えないようにしています。「明日はこういうプレーをしよう」とか、一度試合のことを考え出すと、いろいろな考えが浮かんできて、不安や心配な気持ちも生まれてくるんです。

モチベーションを高めるのは、試合直前ですね。チームメイトと「みんなで勝とう！」「しっかりプレーしようぜ！」とか、声をかけあうことで、一気にテンションを上げていきます。プレーをする上では冷静さも、もちろん大事ですが、ハンドボールは相手と身体をぶつけあう激しいコンタクトスポーツです。ですから、適度に興奮した状態になることは、絶対に必要だと思いますね。

Q 試合前のアップで必ずやっていることはありますか？

A 必ずやるのは、全力でダッシュをして、一度息を上がらせておくことですね。その方が肺の動きが活発化するので、試合にすんなり入っていけるんです。だから、チームのアップには、必ずダッシュのメニューが入っていますね。

また、８章でも説明していますが、身体を温めておくことも大切です。メンバー紹介などが行われる試合前のセレモニーでも、身体が冷えて固まらないように、動きを止めないように気をつけています。

Q 試合前に「調子が悪い」と感じた場合、どんなことに気をつけてプレーしますか？

A 試合前に行うアップは、その日の自分の調子を測る上で重要な時間になります。シュートを打

シュートの調子が悪ければパスで貢献しよう。

ったり、ジャンプをすると「今日は高く跳べないな」とか、体調がだいたいわかるんです。

「調子が悪い」と感じた時は、無意識のうちにプレーに迷いが出てしまうものなので、そんな時は、自分がその試合で最低限できるプレーをするように心がけます。

例えば、「今日はシュートが入らなそうだ」と感じたら、パスをして味方を助けるアシストプレーを中心にします。

試合中に突然調子がよくなることは、なかなかありません。調子が悪い状態で、無理をしてシュートを打っても、チームに迷惑をかけるだけになってしまいます。自分の調子を見極め、自分が一番貢献できるプレーを選ぶようにしましょう。

Q 試合で一本目に打つシュートはどのように考えていますか？

A 一本目にシュートを打つ時には、相手DFやGKがどんな動きをしてくるかわかりません。だから、自分が得意なコースや、その時に空いているコースを素直に選び、思い切って打ちにいきます。

相手の反応を見極める意味もあるので、たとえシュートが外れたとしても落ち込む必要はありません。そのデータを次のシュートに生かせばいいわけですから。一本目はかけ引きは置いておいて、思い切りよく打つことが重要だと思います。

一本目のシュートは思い切りよく打つことが大切。

勝利へのアドバイス～試合編②～

POINT 様々な場面を想定しておこう

試合では、何が起きるかわかりません。そして、選手には起こったことに対して、瞬時に対応することが求められます。例えば、点差、時間によってもプレーの選択は変わってきます。どんなシチュエーションでも正しい選択ができるように、ふだんの練習から試合の様々な場面を想定しておきましょう。チームメイトと意識を共有することも大切です。

Q 味方が退場して、1人少ない状況では、どんなことを考えてプレーしていますか?

A 相手より人数が少ない不利な状況ですから、いかに時間を使うかを考えてプレーします。

基本的には、早打ちはやめた方がいいですね。パッシブプレー(消極的なプレー)をとられないように、うまくボールを回して(退場している)2分間を使い切りたいところです。DFは、最初から相手が1人余る状態になっているので、「そこで決められたら仕方ない」という“割り切り”が必要だと思います。

相手の誰にどんなシュートを打たせるかを決めることです。ロングシュートなのか、あるいはサイドシュートなのか。それまでの試合を振り返り、最も可能性の低いところで勝負するべきですね。もちろん、チーム全体での意思統一が大切です。

Q ノーマークシュートをよく外してしまいます。

A 自信がないことが原因だと思います。その自信をつけるには、練習するしかありません。

気をつけてほしいのは、その練習は、ただ数をこなしてもだめということです。どうやったらGKが逆に動くかとか、GKとのかけ引きを意識してシュート練習を行い、シュートが入るためのコツ、感覚をつかまないといけません。

Q 試合中にベンチへ下げられてしまいました。どんなことを考えればいいですか?

A コートに立っている時は、自分のパフォーマンスを見せることにひたすら集中するべきです。

でも、ベンチに下げられたら、そこで自分のプレーを冷静に振り返ってください。「あの時こうすればよかった」とか、反省点が出てくると思います。また、試合中には気づかなかった問題点に気づかされるかもしれません。頭を切り替えて、次の出番につなげましょう。

頭の整理がついたら、僕は肩を回したりして、「まだいけますよ！」と監督にアピールしますね。コートへ戻してもらうために、そんな無言のアピールも大切だと思います。

Q 大量リードしていると、プレーが雑になってしまいます。

A 残り時間２分を切ってから、４点差を追いつかれた経験があります。どれだけ点差が離れていても、いつ追いつかれるかわからないのがハンドボールだと思います。どんな点差になっても安心してはいけません。また、試合をする以上、自分たちの強さを見せなければいけないと思うので、さらに点差を離そうとがんばるべきです。

コートでプレーしている時は、いつも全力で自分のパフォーマンスをアピールしてください。間違いなくいえるのは、点差が離れているからといって、手を抜いたプレーをするような選手は、全日本選手にはなれないということです。

Q 残り時間わずかで1点負けている状況。どんなことを考えて攻撃をしますか？

A 残り時間が少ないと、「早く打たなきゃ」とあせりが生まれるものです。でも、そうやってあせって打ったシュートは相手も止めやすいんですよね。

弱気にならず、自分がいこうとする積極的な気持ちも大切ですが、時間がなくても、しっかりとパスを回して、より確率の高い選手へつないでいく意識を忘れないでください。サイドやポストなどゴール付近にパスが通れば、７ｍスローを獲得するチャンスも生まれます。相手も簡単にシュートを打たれるよりも、守りにくいはずです。

あせらず、より確率の高い選手で勝負しよう。

勝利へのアドバイス～速攻編～

POINT いくかいかないか、見極めが重要

現代のハンドボールは、得点を取り合うハイスコアゲームが主流となっています。そうした流れの中、相手ボールを奪ってから、DFが立て直す前に一気に攻めこむ「速攻」の重要性はより高まっているといえます。また、得点を取られた後、すぐにリスタートするクイックスタートも必須の戦術となりました。ここでは、速攻＆クイックスタートのポイントを解説します。

Q 速攻をしかける時の注意点、ポイントを教えてください。

A 速攻でどんな動きをするかは、チームによっていろいろなやり方があります。チームの戦術を守ることを大前提として、一般的なことを話していきたいと思います。

まず、決められた自分のポジションに早く入ることが重要です。相手が戻る前に、いち早く自分のポジションをキープできれば、ワンマン速攻のチャンスが生まれます。

そして、基本はワイドに（広く）攻めることです。DFは、失点する危険性が高いゴール中央に戻ろうとします。その時に攻撃も中央にいってしまったら、DFが止めやすくなるだけです。ワイドに散らばって攻めることで、DFの間を広げることを意識してください。間が広がると、DFはマークにつきづらくなるので、シュートを打ちやすくなります。

速攻では素早い飛び出しが大事になる。

また、ワンマン速攻の場合以外では、ドリブルをつくのは避けてほしいです。ドリブルよりもパスでつないだ方が絶対に速いですから。

狙い所を見つけるポイントは、シュートを打った選手を覚えておくこと。シュートを打った選手は、DFへの戻りが遅くなりますから、その選手が守っているポジションは、狙い目です。相手選手の守るポジションを頭に入れておきましょう。

最後に、速攻にいけるのかどうかを、見極める力も必要不可欠です。

DFが戻っているのに、無理に速攻を続けても、パスミスなど、ミスにつながってしまうだけです。速攻にいけないと思ったら、動きをしっかりと止めて、セットオフェンスにつなげてください。

こうした見極めは、チーム全員で共有できてこそ意味があります。動きの中で一瞬の判断力が求められる難しい作業ですが、チーム全員が同じ意識を持つことが理想ですね。

Q 速攻を守る時の注意点、ポイントを教えてください。

A まずは、自陣に早く戻ることです。自分のDFポジションに戻ることが基本ですが、それは絶対ではありません。自分の前にフリーの選手が走ってきて、周りに自分しかいなければ、その選手のマークにつかなければいけませんからね。

全員が戻ってきたら、「チェンジ」と声をかけて、１人ずつ場所を入れ替えていき、本来のポジションに戻っていきます。

速攻のDFで絶対に欠かせないのは「声」。速攻の戻りでは、体勢が半身や後ろ向きになるので視野が狭くなります。いち早く戻った選手が「右の選手について」とか、声で助けてあげてください。

Q クイックスタートの注意点、ポイントを教えてください。

A 現在のハンドボールは、とてもスピーディになっていますから、クイックスタートは、非常に重要な戦術です。速攻と同じで、相手のDFが整う前に攻めることで、得点のチャンスが広がります。

走る機会が増えるわけですから、当然、体力＆スタミナを強化することが必要です。体力や走力がないチームと対戦した場合、とても効果的な戦術になります。

注意するのは、センターラインを踏んでボール出しをする選手の動き。走りながら投げると、やり直しになってしまうので、しっかりと動きを止めて投げましょう。また、GKは得点を入れられて落ち込んでいる暇はありません。気持ちを切り替えて、すぐにボールを味方に渡してください。相手の戻りを見て、しかけるかどうか見極めるのが大切なのは速攻と同じです。

勝利へのアドバイス～メンタル編～

POINT 強い気持ちを持って試合に集中

最後は、メンタル（精神面）編です。どんなにテクニックや体力があっても、気持ちが弱くては、その力を発揮することはできません。しかし、試合には、ケガへの恐怖、審判の判定、相手の挑発など、気持ちを惑わす要素がたくさん存在するのも事実です。それらに打ち勝つ強い気持ちを持ってこそ、目の前の相手、そして試合に勝つことができるのです。

Q ケガをしてから、プレーするのが怖いと感じます。

A これは誰にでもある怖さだと思います。僕も、ケガから復帰した後、「同じケガをまたやってしまうんじゃないか」と不安になる時はあります。でもそれは、試合前だけです。試合に入ったら、「相手をどうやって抜こう」とか、目の前のことに集中しているので、ケガのことはまったく気になりません。

怖いと思うのは、そんな考えが浮かぶだけの余裕があるということではないでしょうか。「雑念」といってもいいかもしれません。

プレーに集中すれば怖さもなくなるはず。

試合に集中できていれば、怖さはなくなるはずです。怖さを乗り越えられるのは、自分自身だけ。ケガに気持ちが負けないように、がむしゃらにプレーしてください。

Q 審判の判定に不満があると、イライラしてしまいます。

A 多くの試合を経験すると、時には判定が平等ではないと感じることもあります。でも、そこで審判と闘う必要はまったくないんですよね。審判の判定は絶対です。一度判定が下された以上、それが変わることはありません。

もし、そこで審判に文句をいったとしても、自分のチームに不利になるだけです。審判だって人間ですから、文句をいう選手にいい感情を持つはずがありません。

「審判も味方にしてしまおう」というくらいの気持ちで、余裕を持って接することが大切だと思います。

Q 相手がラフプレーをしかけてきました。こんな時はどうしたらいいですか？

A やられたら、やり返さないといけません。といっても、「危険なプレーで報復しろ」といっているわけではありません。プレーでやり返すのです。ラフプレーは、肉体的には痛いかもしれません。でも、その後に抜かれて１点取られる方が、相手には痛いのです。

これは、小さい頃に父から教わったことです。相手のラフプレーで痛がって倒れている僕に、「ラフプレーの痛みと、負けて倒れる痛みのどっちがいいんだ？　負けるのが嫌だったら立て！」と檄《げき》を飛ばしてくれたんです。その教えは今でも、とても大事にしています。

Q 試合中、どうやってプレーに集中しますか？

A 強い気持ちを持つことが大前提です。「相手を抜いてやろう」とか、「絶対にシュートを決めてやる」という強い気持ちを持ち、目の前のプレーに意識を向けていると、自然に集中できます。

集中が極限に高まることを、スポーツの世界では「ゾーンに入った」と表現することがありますが、僕もそうした状態になることがあります。

ゾーンに入ると、頭で考えるというよりも、身体が勝手に動いている感覚になるんです。「次はこのプレーをしよう」とか考えていないのに、練習でやっているプレーが、どんどん自然に出てくるんです。ゾーンに入った時が、最も集中している瞬間だと思います。

強い気持ちで目の前のプレーに集中しよう。

総括

この本のまとめ

POINT 基本技術を自分なりの技術へ

基本技術の大切さは変わらないが、新しい技術にもチャレンジしよう

この本では、ハンドボールで必要となる基本技術を中心に解説してきました。本書とDVDを併せて活用することで、基本技術をしっかりと身につけてください。基本がないと、応用のプレーもうまくいきません。スーパーテクニックは、基本があるからこそ可能になるのです。いきなり「両足ジャンプシュート」に挑戦しても、きっとうまくはいかないでしょう。まずは、基本的なジャンプシュートを自分のものにしてから、次のステップに進んでください。

基本が大切なのは、小、中学生だけでなく、僕たちも同じです。例えば、大きなケガをして久々にコートに復帰すると、足が衰えているので、DFでは相手に追いつかないし、フェイントも抜けません。そんな時に、フットワークの大切さを改めて実感することがあります。ハンドボールを何年プレーしても、基本の大切さは変わらないのです。

その一方で、うまくなるためには、新しい技術を研究する姿勢も大切です。いろいろな選手のプレーを見ていると、新しい発見をすることが今でもあります。体格などの違いで、取り入れることが難しい場合もありますが、実際にやってみると、その方法が自分にも合っているかもしれません。それまで習ってきた基本と違うからといって、最初から否定するのではなく、一度取り組んでみることが必要だと思います。

僕が今回紹介した技術も、「絶対」ではありません。「自分なら、こっちの方がやりやすい」と思うことがあったら、ぜひそれを試してください。そうやって、他人にはない、自分なりの技術が作られていくのだと思います。

失敗を恐れずに、いろいろな技術にチャレンジしてみてください。

宮崎大輔ヒストリー

1998年〜1999年	—大分国際情報高校— 高校2年生のインターハイ、高校3年生の選抜、インターハイと3大会連続得点王。
2000年	日本体育大学入学。世界学生選手権に出場、得点ランキング2位、優秀選手賞受賞。
2001年	大学を休学し、スペインリーグへ留学。
2002年	—全日本— 第14回アジア競技大会出場、4位。
2003年	—全日本— アテネ五輪予選出場、2位＝予選敗退。 —日本体育大学— 第46回全日本学生選手権優勝。
2004年	—大崎電気— 日本体育大学を中退し、日本リーグ大崎電気に入団。第45回全日本実業団選手権優勝。第59回国民体育大会優勝。 —全日本— 第11回アジア選手権準優勝（世界選手権出場権獲得）。
2005年	—大崎電気— 第29回日本リーグ優勝。リーグ最優秀選手賞、最優秀新人賞、ベストセブン、プレーオフ最高殊勲選手賞受賞。第60回国民体育大会優勝。第57回全日本総合選手権優勝、最優秀選手賞受賞。 —全日本— 第19回世界選手権出場、16位。
2006年	—大崎電気— 第30回日本リーグ ベストセブン、フィールド得点賞、プレーオフ殊勲選手賞受賞。 —全日本— 第12回アジア選手権出場、5位。第15回アジア競技大会出場、6位。
2007年	—大崎電気— 第31回日本リーグ ベストセブン受賞。 —全日本— 北京五輪予選出場、3位=予選敗退。

宮崎選手の最新情報はHP&ブログでCheck!

最新情報はHPとブログでゲットしよう。特に、本人が毎日更新しているブログは必見。試合に向けた意気込みからプライベートまで、日々の思いが綴られている。

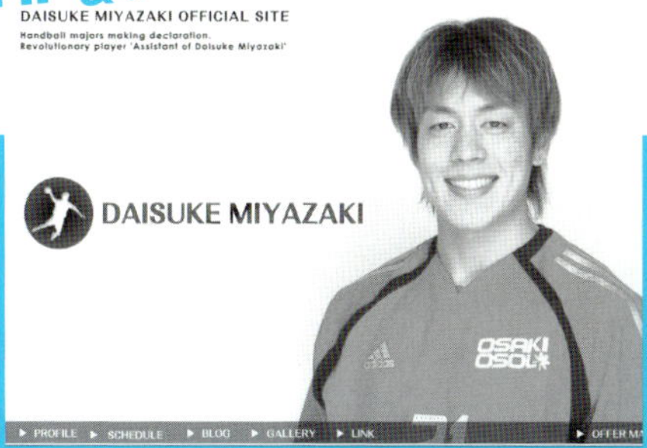

HP | http://www.m-daisuke7.com/top.php

ブログ | http://blog.livedoor.jp/m_daisuke7/

●著者紹介

宮﨑　大輔（みやざき だいすけ）

大崎電気所属

1981年6月6日生まれ。大分県出身。小学校3年生でハンドボールを始める。大分電波高校（現大分国際情報高校）時代にインターハイの１大会最多得点記録を樹立するなど、早くから注目を集めた。日本体育大学進学後、大学を休学してスペインリーグへ留学。２シーズンにわたり本場で腕を磨く。2003年に日本ハンドボールリーグ大崎電気へ入団。2003-2004年シーズンに、全日本実業団選手権、国民体育大会、日本リーグの３冠獲得に貢献した。日本代表でもエースとして欠かせない存在で、2007年北京五輪予選など大舞台を経験している。各種メディアに登場するなど、ハンドボールメジャー化を目指して積極的に活動、ファンの支持を集めている。

スポーツ・ステップアップDVDシリーズ
ハンドボールパーフェクトマスター

著　者　　宮　﨑　大　輔
発行者　　富　永　靖　弘
印刷所　　慶昌堂印刷株式会社

発行所　東京都台東区台東４丁目７　株式会社　新星出版社
〒110-0016　☎03(3831)0743　振替 00140-1-72233
URL http://www.shin-sei.co.jp/

ISBN978-4-405-08621-0

試合ですぐ役立つ!

『ハンドボールパーフェクトマスター』別冊

ハンドボールの
ルール&用語辞典

この別冊は、取りはずして使うことができます。

Rule & Glossary

新星出版社

1 ハンドボールの基本ルール

ハンドボールのルールはそんなに多くありません。接触プレーの判定は審判の価値基準に左右されますが、それ以外はシンプルな競技です。最低限のルールさえ覚えれば、誰でも楽しめます。

コート&ゴールの概要

ハンドボールのコートは、長さ40m×幅20m、ゴールの大きさは縦2m×横3mで、いずれもフットサルと同じ大きさです。

ゴールから6m離れた実線をゴールエリアライン、ゴールから9m離れた破線をフリースローラインと呼びます。また、陣地を区切る中央のラインをセンターラインといいます。

ゴール前面図

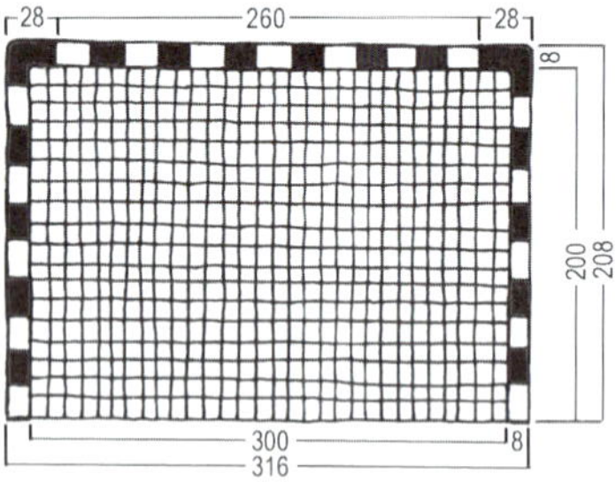

ゴール側面図

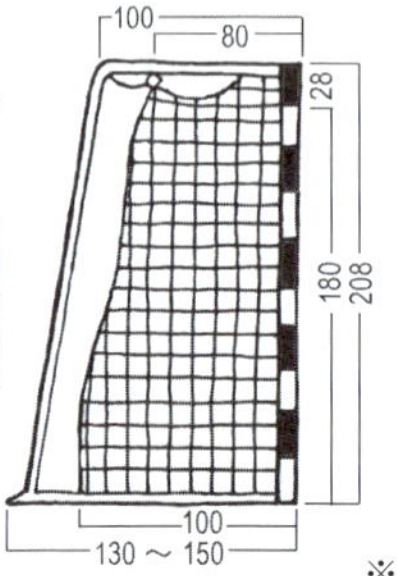

※単位はcm

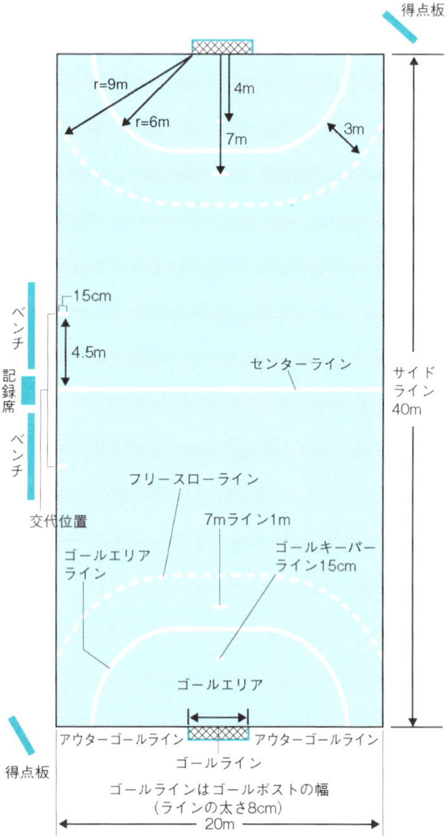

ボール

ボールには天然皮革、または合成の素材が用いられます。成年・高校生の男子は3号球、成年・高校生・中学生の女子と中学生男子は2号球、小学生は1号球を使用します。

ボールの大きさ	外周	重さ
3号	58～60cm	425～475g
2号	54～56cm	325～375g
1号	49.5～50.5cm	255～280g

3号球

競技時間

成年・高校生の競技時間は前後半各30分で、休憩が10分です。中学生は前後半が25分で、休憩が10分。小学生は前後半15分で、休憩が5分というのが標準です。

後半が終了して同点の場合は、前後半5分ずつの延長戦を行います。第1延長後も同点の場合は第2延長を行い、それでも同点ならば、7mスローコンテストを実施します。

試合時間	前半	休憩	後半	休憩	第1延長前半	第1延長後半	休憩	第2延長前半	第2延長後半
成年・高校生	30分	10分	30分	5分	5分	5分	5分	5分	5分
中学生	25分	10分	25分	5分	5分	5分	5分	5分	5分
小学生	15分	5分	15分	5分	5分	5分	5分	5分	5分

チーム構成&メンバー交代

ベンチ入りの選手は14名（国体などは12名）。同時に7名までがコートに出場できます。そのうち1人は必ずゴールキーパーでなくてはいけませんが、ゴールキーパーは、いつでもコートプレーヤーになることができます。同様に、コートプレーヤーも、いつでもゴールキーパーになることができます。ただし、ゴールキーパーになる際には、コートプレーヤーとは違う色のユニホームを着ないといけません。

またハンドボールでは、自陣の交代位置を通れば、いつでも選手交代ができます。タイムキーパーやスコアラーに告げる必要はありません。

得点

シュートされたボールがゴールラインを完全に通過した時、得点となります。プレー中に防御側に違反があっても、ボールがゴールに入っていれば、得点は認められます。

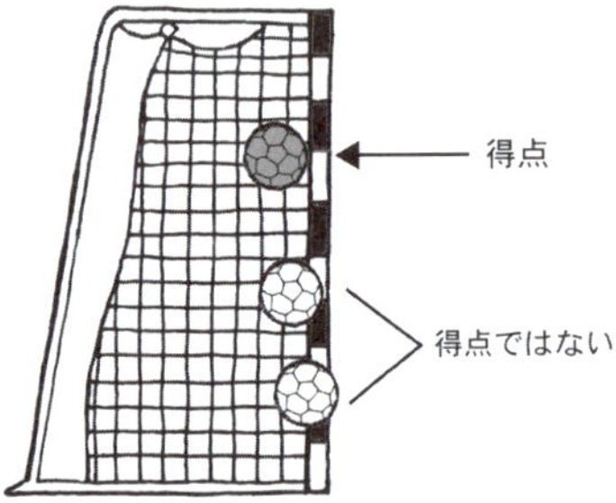

チームタイムアウト

各チームは、正規の競技時間中の前半と後半に1回ずつ、1分間のチームタイムアウトを取る権利があります。ただし、延長戦ではチームタイムアウトは取れません。

ゴールエリア&ゴールキーパー

ゴールから6m離れた実線をゴールエリアラインといい、線上とその内側をゴールエリアと呼びます。ゴールエリアにはGKだけしか入れません。ただしサイドシュートやスカイプレーのように、相手チームの選手がゴールエリア上の空間にいることは認められています。

ゴールエリア内では、GKはボールを持って自由に動けます。また、GKはゴールエリアから出てプレーすることもできますが、その場合はコートプレーヤーに適用されるルールに従わないといけません。

各種スローの方法

ハンドボールでは様々なスローで試合が再開されます。スローを行う選手は、レフェリーの笛の合図から3秒以内に投げなければなりません。

また、ゴールキーパースローを除いた各種のスローを実施する場合、スローを行う選手は、ボールを手から離すまでの間、片足の一部を床に着けていなければなりません。ジャンピングスローは認められません。

1 スローオフ

競技の前のコイントスで勝ったチームは、「ボール」か「コート」のどちらかを選ぶ権利があります。コイントスに勝って、「ボール」を選択したチームがスローオフします。コイントスに勝ったチームが「コート」を選択した場合は、相手チームがスローオフを行います。

後半のスローオフは、前半にスローオフしなかったチームが行います。延長戦に入った場合は、新たにコイントスを行い、スローオフをするチームを決め直します。

また、ゴールが決まった後は、得点されたチームのスローオフで再開されます。

2 スローイン

ボールが完全にサイドラインを通過した場合、最後にボールに触れていた選手の相手側のスローインになります。また、防御側の選手が最後に触れたボールがアウターゴールラインを越えた場合、通過したアウターゴールラインとサイドラインが交わる角から、攻撃側のスローイン（コーナースロー）になります。投げる時は、片足はライン上に着けていなければなりません。

3 ゴールキーパースロー

GKか相手チームのプレーヤーが最後にボールに触れた後、ボールがアウターゴールラインを通過したら、ゴールキーパースローが与えられます。また、相手チームがボールを持ってゴールエリアに入った場合や、ボールを持たずにゴールエリアに入ったことで相手チームが有利になった場合にも、ゴールキーパースローが与えられます。

4 フリースロー

試合中、多くの場面でフリースローが見られますが、最も多いのが、攻撃側、防御側ともに、互いの過失割合が同じだった場合です。

お互いに同程度で、悪質ではない過失によって試合が止まった場合は、攻撃側のフリースローで試合が再開されます。防御側の選手は、フリースローのポイントから3m以上離れないといけません。

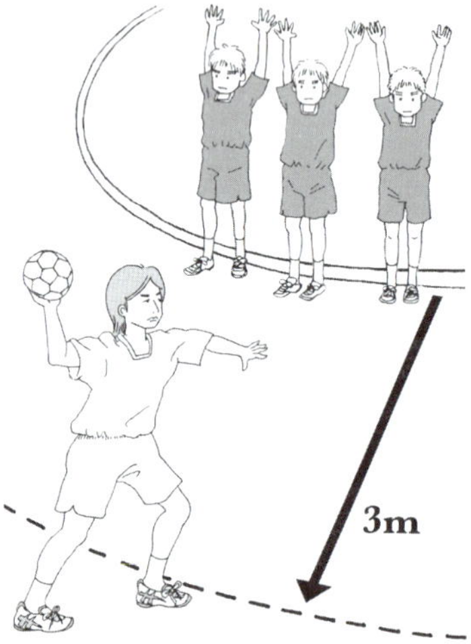

5 7mスロー

明らかな得点チャンスを妨害された時、7mスローが与えられます。7mスローを行う選手は、7mラインから1m後方までの範囲で、ジャンプせずに投げないといけません。

相手チームの選手は、フリースローラインの外側にいて、なおかつ7mラインから3m以上離れなければなりません。

ボールの扱い方

選手はヒザより上を使って、ボールを扱うことが認められています。手でボールを持つことは３秒間まで許されています。

また、選手はボールを持って３歩まで歩くことができます。ハンドボールでは、空中でボールをキャッチした場合、着地した足を０歩と数えます。そこから最高で３歩まで歩いても構いません。

空中でボールをキャッチして着地した足は０歩と数える

ボールが絡んだ反則

1 キックボール

ヒザから下でボールを蹴ってしまうと、相手ボールになります。故意に蹴った場合は退場になります。

2 ダブルドリブル

ドリブル後に一度保持したボールをもう一度ドリブルした場合、ダブルドリブルになります。

3 オーバータイム

一度ボールを持ったら、３秒以内に離さないといけません。３秒を超えると、オーバータイムになります。

4 オーバーステップ

ドリブルをせずに、３歩より多く歩いてしまった場合、オーバーステップになります。

反則・罰則

レフェリーは判定の基準を示すために、試合前半から段階的に罰則を適用します。まずは警告（イエローカード）から始まり、この試合での基準を伝えます。どれくらいの接触まで許されるのかを、試合前半で選手に示すのです。警告には「次に同様の反則をした場合、２分間の退場になりますよ」というインフォメーションの役割があるのです。

警告

段階的に罰則を適用しなければいけない反則や、スポーツマンシップに反する行為に対しては、警告が出されます。警告は、個人で１回、チームに対しては3回までしか適用されません。それ以上になると、２分間の退場などになります。

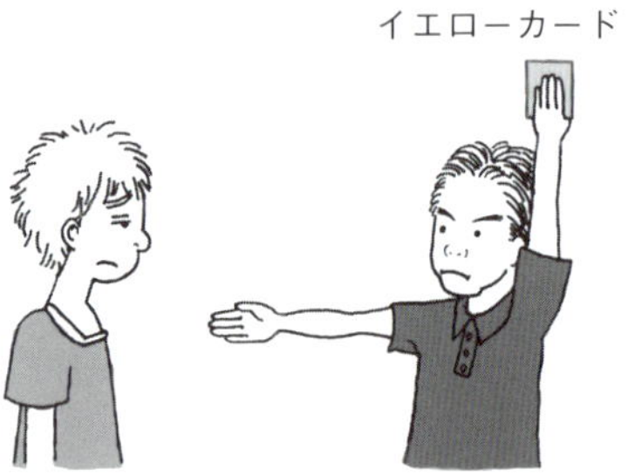

退場

段階的な罰則を適用しなければならない反則を繰り返した場合、2分間の退場になります。不正交代や、スポーツマンシップに反する行為を繰り返した場合にも2分間の退場になります。退場の間、代わりの選手は入れません。

失格

選手が３回目の退場になる場合、失格（レッドカード）となります。この試合に出場できないだけでなく、ベンチから去らないといけません。また、著しくスポーツマンシップに反する行為も失格になります。

相手に対する反則

1 ホールディング

防御側が相手をつかまえて離さないでいると、ホールディングの反則になります。

2 プッシング

相手を手で押した場合の反則です。特に横や後ろからなど、無防備な状態の相手を押すのは危険です。

3 チャージング

攻撃の選手が、静止している防御側の選手にぶつかっていった時の反則です。

4 ハッキング

相手の持っているボールではなく、相手の手や腕などをはたいた場合の反則です。

5 トリッピング

故意に足を出して、相手の足をひっかけて妨害しようとすると、トリッピングの反則になります。

その他の反則

不正交代

交代しようとしている選手がコートから出る前に、交代の選手が入った場合は不正交代となります。また、自陣の交代位置を通らずに選手がコートに出入りすることも不正交代です。不正交代をした選手は2分間の退場となり、相手ボールのフリースローで再開されます。

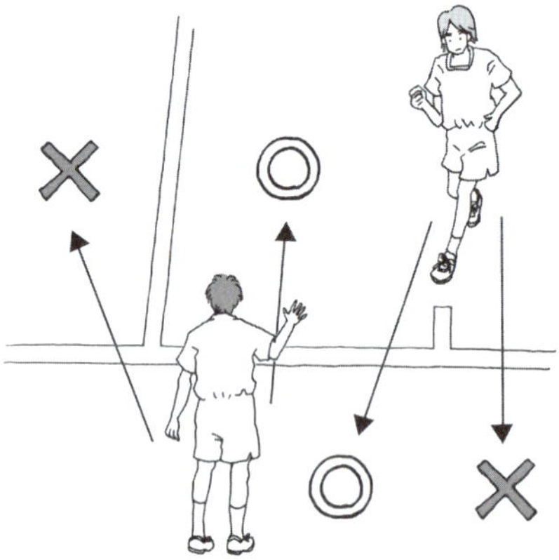

ラインクロス

GK以外の選手がゴールエリアに侵入してしまった場合、ラインクロスの反則になります。

ボールを持った選手が侵入した時は、相手ボールのフリースローになります。防御側の選手が侵入してシュートを防いだら、相手チームの7mスローになります。

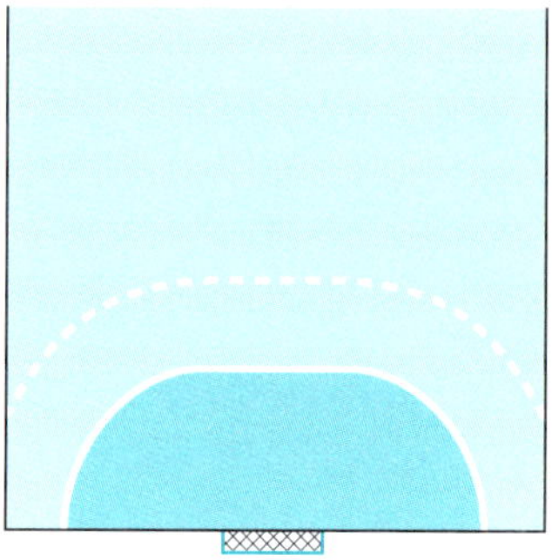

ゴールエリア(色が濃い部分)に侵入するとラインクロス

パッシブプレー

攻撃しよう、シュートしようという姿勢を見せずに、ただボールを回しているプレーは、パッシブプレー(消極的なプレー)と見なされ、相手のフリースローになります。

パッシブプレーの兆しが見られる場合には、レフェリーはパッシブプレーの予告の合図をします。それでもボールを持っているチームが攻撃方法を改めなかったり、シュートをしなかった場合には、相手にフリースローが与えられます。

2 ハンドボールの審判

ハンドボールのレフェリーは2人一組で、お互いが同等の権限を持ちます。主審、副審というような格付けはありません。試合中は交互に動きながら、コート全体を満遍《まんべん》なく見るように務めます。

一つの違反に対する罰則の重さについて、両レフェリーの間で見解が異なった場合には、重い方の罰則を適用します。

審判のジェスチャーを覚えよう！

試合中、審判はジェスチャーによって選手に判定を示します。審判のジェスチャーをしっかり覚えておきましょう！

◆得点

◆スローイン

◆フリースロー

◆フリースロー時の3mの距離の確保

◆ゴールキーパースロー

◆警告（イエローカード）、失格（レッドカード）

◆退場

審判のジェスチャーを覚えよう！

◆タイムアウト

◆コートへの入場許可

◆パッシブプレーの予告

◆パッシブプレー

◆ゴールエリアへの侵入

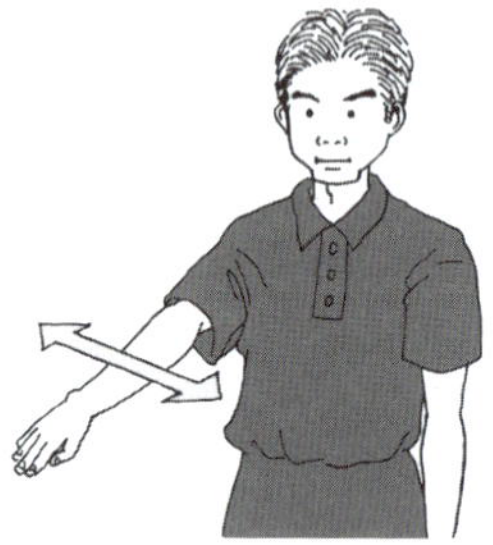

◆ダブルドリブル

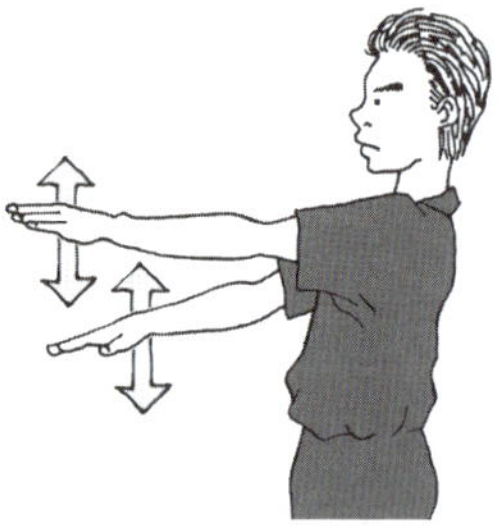

◆オーバーステップ、オーバータイム

◆ホールディング

◆チャージング

◆ハッキング

◆トリッピング

3 ハンドボール用語辞典

ア行

●アウト
サイドラインに近い側。

●一線DF
6:0DFのこと。ゴールエリアラインに沿って、6人が一線上に並ぶDF。

●イン
ゴールに近い側。

●ウイング
サイドプレーヤー。

●浮く
ゴールエリアライン付近から離れていく動きのこと。

●オープンサイド
左サイドのこと。

●オールコートマンツー
全員がマンツーマンでついて、相手のボールを奪いにいく守備のこと。

カ行

●勝ちの位置
相手より優位な位置に立つこと。主にエリアライン際の位置取りで使われる言葉。

●カットイン
フェイントなどでDFの間を切りこんでいく攻撃。

●がめる
DFより優位な位置に立ち、相手の動きを抑えこむこと。

●きっかけ
セットオフェンスを始める約束事。

●逆スピンシュート
ボールにシュート回転をかけてバウンドさせるシュート。

●逆45
逆の45度。現在でいうライトバック、右45度のこと。

●切り
ボールを持たずに相手DFの間を走る動き。

●クイックシュート
通常よりも早いタイミングで打つシュート。

●クイックスタート
相手に得点を入れられた後、素早くスローオフをしかけること。

●クロス
味方同士が交差する動き。

●クロスアタック・ディフェンス
自分の正面にいる選手の隣に対して詰める守備のこと。

●コイントス
試合前、スローオフか陣地を取るかを決めるために行う。

●コートプレーヤー
GKを除いた選手のこと。CPと略す。

●ゴールキーパー
ゴールエリアの中でシュートを阻止する選手のこと。GKと略す。

●ゴールキーパーライン
ゴールから4m離れた実線。GKはこれを踏み越えて、7mスローを止めてはならない。

サ行

●サイド
セットオフェンスやDFで、コートの両端にポジションを取る選手のこと。

●3枚目
6：0DFの端から数えて3人目の選手。

●ジャッグル
ボールをコントロールできていない状態。

●スピンシュート
ボールにカーブ回転をかけてバウンドさせるシュート。

●スライディング
下へのシュートに対して、GKが足を滑らせてボールを止める方法。

●正45
左45度。現在のレフトバック。

●セットオフェンス
速攻からの流れを止めて、一度仕切り直してから組み立てる攻撃のこと。

●センター
オフェンスの中央で試合をコントロールするポジション。

●センターバック
3：2：1DFのゴールに近い3人の真ん中で、DFを指揮するポジションを指す。

タ行

●タイムアウト
チームが前後半に1回ずつ請求できる、1分間のチームタイムアウトのこと。

●タイムキーパー
競技時間や退場選手の出入りを管理する役員。

●ダブルポスト
ポストプレーヤーを2人置く戦術。

●ダブルマンツー
2人の相手にマンツーマンDFをつける作戦。

●中継ポスト
ポストが浮いて、バックプレーヤーからのパスを中継する動き。中間ポストともいう。

●テクニカル・デレゲート
記録席に座り、試合を管理する役員のこと。

●トップDF
3:2:1DFや5:1DFの1のポジション。パス回しにプレッシャーをかけるのが役目。

ナ行

●流し
右利きのシューターから見て右側（左利きなら左側）のシュートコース。

●7mスロー
明らかなシュート機会を妨害された時に与えられる。

●2次速攻
単純な速攻では攻めきれなかったが、相手DFが戻った中でも、流れを止めずに攻め続けること。

●2枚目
6：0DFの端から2番目の選手。

●ノータイム・フリースロー
前後半の終了時に与えられる最後の一投。

●ノーマーク
完全にフリーな状態でシュートが打てる体勢のこと。

ハ行

●バックプレーヤー
センターとレフトバック、ライトバックの3人の総称。昔でいうフローター。

●パッシブプレー
シュートを狙わない消極的なプレーのこと。

●パラバン
前ブロックのこと。DFの前にブロックをかけて、味方がフリーに打てるように助ける動き。

●パラレル
平行に攻める動き。

●ピストン
DFで前後に移動し、相手にプレッシャーをかける動き。

●引っ張り
右利きのシューターから見て左側(左利きなら右側)のシュートコース。引っかけとも。

●フィールドプレーヤー
現在でいうコートプレーヤー。屋外でのプレーが主だった時代の表現。

●フィジカル
ハンドボールでは主に筋力のことを指す。

●フォーメーション
攻撃におけるチーム全体での組織的な動き。

●フルバック
3：2：1DFのセンターバックの別名。

●フローター
センターと両45度プレーヤーの総称。現在はバックプレーヤーという呼び方が主流。

●ブロック
ボールを持たない選手がDFを押さえこみ、ノーマークのチャンスを作る動き。相手のシュートを腕などで止めるDFの動きはシュートブロックという。

●プロンジョンシュート
身体を傾け、横に跳びながら打つシュート。

●ペナルティスロー
7mスローのこと。

マ行

●マッチバイザー
試合を円滑に運営するために立ち会う責任者。

●マンツー
マンツーマンDFの略。

●ミドルシュート
6〜9mの間から放たれるシュート。

ヤ行

●45度ディフェンス
3：2：1DFの2のポジション。相手のエースを止める役割が求められる。

ラ行

●ライトバック
昔でいう右45度。または逆45。

●ライン内防御
コートプレーヤーがゴールエリア内で守った場合の反則。

●ラインクロス
GK以外がゴールエリアラインを踏み越えた反則。

●リバウンド
GKやゴールポストに跳ね返されたボールのこと。

●ルーズボール
コート上に転がった、どちらも保持していないボール。

●レフトバック
昔でいう左45度。もしくは正45。

●ロングシュート
ゴールから9m以上離れた場所からのシュート。

ワ行

●ワンドリブル
一度だけドリブルをついて、その動きによって作られたスペースへ切りこんでいく動きのこと。

●ワンマン速攻
1人でボールを持って速攻に走ること。

HAND
BALL
H312
Size 3
21

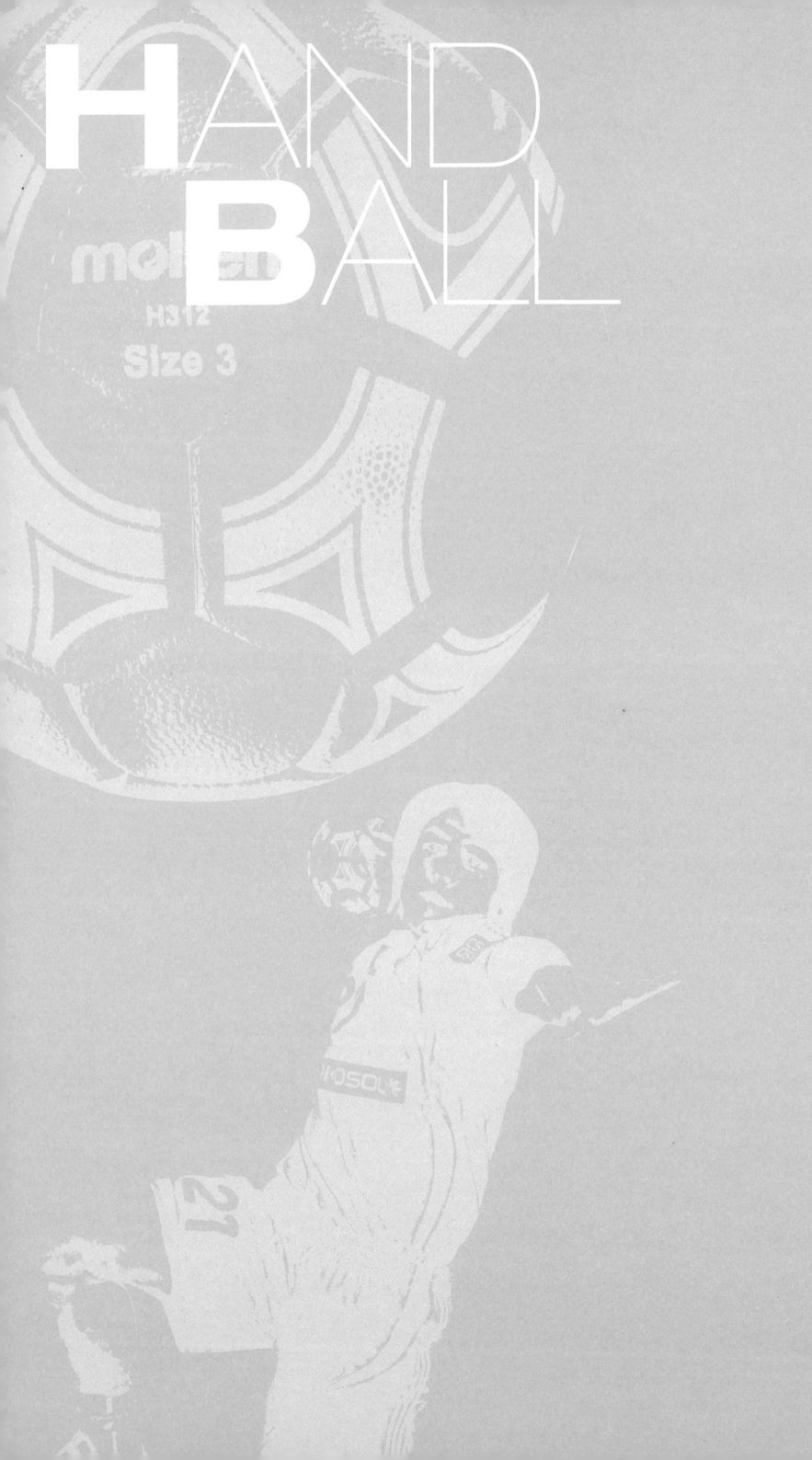